111 GRÜNDE, BAYER 04 LEVERKUSEN ZU LIEBEN

Jens Peters

111 GRÜNDE, BAYER 04 LEVERKUSEN ZU LIEBEN

Eine Liebeserklärung an den großartigsten Fußballverein der Welt

WIR SIND DER ZWÖLFTE MANN, FUSSBALL IST UNSERE LIEBE!

KAPITEL 1: VON ADLER BIS ZÉ ROBERTO – SPIELER, DIE DER WERKSELF EIN GESICHT VERLIEHEN 11

Weil in Leverkusen der weiße Brasilianer spielte – Weil selbst ein Chancentod in Leverkusen noch gut spielt – Weil man Bum-kun Cha nach Leverkusen holte – Weil ein Engel in Leverkusen spielte – Weil Leverkusen den einzigen Spieler in seinen Reihen hatte, der sich in der Halbzeit rasieren musste – Weil Heiko Herrlich in Leverkusen Jorginho kennenlernte – Weil Jürgen Gelsdorf ein Foul überlebte – Weil in Leverkusen gute Spieler nicht in der Nationalmannschaft spielen müssen – Weil Michael Ballack in Leverkusen spielte – Weil Marek Leśniak nicht mehr angerufen werden muss – Weil mit Sami Hyypiä eine Legende in Leverkusen spielte – Weil sich 109 Nationalspieler nicht täuschen können – Weil Gonzalo Castro für den Verein die Nationalelf opferte – Weil Schnix immer noch Leverkusener ist und immer noch gerne Fußball spielt

KAPITEL 2: RONALDO, BARÇA UND DAS DERBY – SPIELE, DIE MAN NICHT VERGISST 35

Weil man auch in Unterzahl noch Bayern München schlug – Weil man einen der höchsten Bundesliga-Siege landete – Weil man den FC Barcelona mit 1:0 in Camp Nou besiegte – Weil man auch im Müngersdorfer Stadion noch gegen den FC Barcelona bestand – Weil Bayer-Fans eines der größten Spiele des Fenômenos erleben durften – Weil Leverkusen-Fans ein fantastisches Torwart-Debüt erleben durften – Weil es das Derby gegen Köln gibt

KAPITEL 3: DER MANN AN DER SEITENLINIE – TRAINER IN LEVERKUSEN 47

Weil Klaus Toppmöller wenigstens einen Titel 2002 holte – Weil Jupp Heynckes in Leverkusen wieder zu einem respektablen Trainer wurde – Weil man in Leverkusen über Glasscherben laufen kann, ohne sich zu schneiden – Weil Leverkusen mit drei Trainern den Klassenerhalt sicherte – Weil auch Zirkusdirektoren in Leverkusen Erfolg haben – Weil man in Leverkusen auch nicht besser mit dem General zurechtkam als in Köln – Weil doppelt gemoppelt besser hält – Weil Stefan Reinartz sich nicht zu schade ist, die Junioren zu trainieren – Weil Peter Hermann Jahrzehnte den Co in Leverkusen machte

KAPITEL 4: NICHT VIZE-, SONDERN SIEGER – DIE ERFOLGE 65

Weil Leverkusen noch nie aus der Bundesliga abgestiegen ist – Weil man in einem unglaublichen Spiel UEFA-Cup-Sieger wurde – Weil man 1993 den DFB-Pokal gewann – Weil Bernd Schuster die drei schönsten Tore des Jahres 1994 schoss – Weil Leverkusen die zweitkleinste Stadt ist, die je einen Europapokal gewonnen hat – Weil Leverkusens Talente ein Abo auf die Fritz-Walter-Medaille haben – Weil Leverkusen in (Fußball-)Deutschland beliebter ist als Köln – Weil man eine der schönsten Kombinationen der letzten 20 Jahre in der BayArena bewundern durfte – Weil Ulf Kirsten das schnellste Tor der Bundesligageschichte schoss – Weil man in Leverkusen die erfolgreichsten Schützen an der ZDF-Sportstudio-Torwand in den eigenen Reihen hat

KAPITEL 5: INTIMHYGIENE UND DAS VIZEKUSENPATENT – ANEKDÖTCHEN VON DER WERKSELF 83

Weil Arne-Larsen Økland den Bayern ein Tor schenkte – Weil man in Leverkusen Talente nicht einfach verkauft – Weil man in Leverkusen keine Angst hat, dass uns der Himmel auf den Kopf fällt – Weil man als Bayerfan medizinisch bestens versorgt wird – Weil man aus Vizekusen in Leverkusen eine Philosophie machte – Weil Intimhygiene dank Leverkusen kein Tabuthema ist – Weil Spieler sich nicht zu schade sind, gegnerische Vereine zu beschimpfen – Weil es ohne Leverkusen nie die Wutrede von Rudi Völler gegeben hätte – Weil hoffnungsvolle Nachwuchstalente im Zweifelsfall bei Exprofis unterkommen – Weil man für einen Kurzauftritt von Theofanis Gekas 1.000.000 Euro bekam – Weil es auch im Mutterland des Fußballs Leverkusen gibt – Weil man dank Leverkusen den ersten Brasilianer im DFB-Team bewundern durfte – Weil man in Leverkusen selten Spaß versteht und das trotzdem gut sein kann – Weil Leverkusen Jens Lehmann mit der S-Bahn nach Hause schickte – Weil #StärkeBayer eine ganz eigene Dynamik bekam

**KAPITEL 6: WIR WERDEN IMMER MEHR –
DIE FANS IN LEVERKUSEN** **109**
Weil Leverkusener Fans das legendäre Bayer-Kreuz retteten – Weil man jüngst Fans für ihre Fahrt nach Trondheim entlohnte – Weil man in der Fanszene eine der schönsten Choreografien der letzten Jahrzehnte inszenierte – Weil Leverkusen eine wunderbare Fanfreundschaft mit Offenbach verbindet – Weil in Leverkusen Fans und Polizei im Dialog stehen – Weil man als Leverkusen-Fan noch zum ersten Mal Meister werden kann – Weil man als Bayer-Fan die Erfolgsrezepte gleich mitgeliefert bekommt – Weil Leverkusen wohl die überregionalsten Fans der ganzen Liga hat – Weil man ein sehr engagiertes Fanprojekt in Leverkusen hat – Weil man als Leverkusen-Fan weiß, dass man sich keine falschen Hoffnungen machen muss – Weil die Leverkusener Ultras schon so lange dabei sind – Weil Fanprojekte auch dank Leverkusen beim DFB überhaupt wahrgenommen werden – Weil es einen großartigen englischen Podcast für Leverkusen-Fans gibt – Weil Olympiasieger Leverkusen-Fans sind

**KAPITEL 7: VON HOLZBÄNKEN UND WUNDERSAMER STEHPLATZ-
VERMEHRUNG – DAS STADION** **135**
Weil man in Leverkusen den Stehplatzbereich vergrößert und nicht verkleinert – Weil Bayer sein Stadion nur einmal umbenannt hat – Weil selbst der Rasen in Leverkusen in Topform ist – Weil in der BayArena nur Fußball gespielt wird – Weil es zur Eröffnung des Ulrich-Haberland-Stadions gleich zwei Eröffnungsspiele gab – Weil die Tickets in der BayArena im Vergleich am günstigsten sind – Weil Leverkusen die schönste Einlaufmusik hat – Weil man in der BayArena flugs ins Internet kommt

**KAPITEL 8: DOOF, ABER LIEBENSWERT –
DIE VERMEINTLICHEN SCHWÄCHEN DER WERKSELF** **147**
Weil nicht mal 24 Spiele in Folge ohne Niederlage zur Meisterschaft reichen – Weil man einen heutigen Drittligaverein legendär machte – Weil ein Leverkusener einen Rekord hält, der wohl so schnell nicht gebrochen wird – Weil man trotz Bruno Labbadia ins Pokalfinale 2009 kam – Weil

das Wörtchen »ausgerechnet« durch Bayer eine besondere Bedeutung bekam – Weil aus peinlichen Aktionen noch etwas Gutes werden kann – Weil Simon Rolfes auch nur Zweiter in der Liste der schnellsten Platzverweise ist

KAPITEL 9: CALLI, BETRÜGER, TRIKOTS UND NOCH MEHR – DER VEREIN, DAS DRUMHERUM UND IHRE FÜHRUNG 161

Weil man mit Wolfgang Holzhäuser einen anstrengenden, aber auch ideenreichen Geschäftsführer hatte – Weil man eine Telefonhotline für (Wett-)Betrüger hat – Weil man für einen guten Zweck Werbung läuft – Weil Leverkusen regelmäßig Punkte für die 5-Jahres-Wertung holt – Weil Rot, Weiß und Schwarz die Farben der Saison sind – Weil in Leverkusen nicht mit Fantasiegeld gehandelt wird – Weil gesunde Fußballerbeine krankmachende Industrie vergessen lassen – Weil Bayer immer noch Plätze in der ewigen Tabelle gutmacht – Weil man in Leverkusen einen Löwen als Maskottchen hat und keinen Bock – Weil altgediente Spieler immer noch gerne für den Verein arbeiten – Weil Reiner Calmund für Unterhaltung sorgte, wenn auf dem Platz die Welt unterging – Weil Leverkusens Jugendarbeit ausgezeichnet ist – Weil auch Frauenfußball seinen Platz in Leverkusen hat – Weil man mit Reiner Calmund einen der gewieftesten Manager der Liga hatte – Weil auch Homosexualität ihren Platz in Leverkusen hat – Weil Bayer Leverkusen die Brasilianer in die Bundesliga geholt hat – Weil Bayer Leverkusen der einzige Werksverein mit Tradition ist – Weil Leverkusen älter als Leverkusen ist – Weil in Leverkusen Fußballdeutschland vereint wurde

KAPITEL 10: DER AUTOR UND SEIN VEREIN – EINE NICHT IMMER REIBUNGSFREIE BEZIEHUNG: PERSÖNLICHES .. 193

Weil Leverkusen den einzigen Fan aus Mitleid hat – Weil man nicht 1.-FC-Köln-Fan sein will ... eigentlich – Weil Bayer Leverkusen cool ist – Weil Leverkusen den Charakter formt – Weil Leverkusen bei meinem ersten Besuch der BayArena Herbstmeister wurde – Weil Idole von früher immer noch im Verein arbeiten – Weil Bayern München weiterhin keine Alternative ist – Weil 111 Gründe nie reichen

WAS NOCH FEHLT, IST DIE DEUTSCHE MEISTERSCHAFT

Liebe Leserinnen, liebe Leser,

wenn Sie dieses Buch in den Händen halten, sind Sie entweder ein Fan des großartigsten Vereins der Welt oder Sie kennen vielleicht jemanden, der Anhänger dieses grandiosen Klubs ist und wollen ein schönes Stück Literatur verschenken. Vielleicht haben Sie es auch nur zufällig in die Hand genommen, weil das Cover so schön bunt war und darauf ganz viele Menschen zu sehen sind, die Fahnen hochhalten und jubeln. Vielleicht hat man Ihnen das Buch auch geschenkt und Sie fragen sich, was Sie damit sollen. So oder so, legen Sie dieses Buch nicht beiseite. Sie würden es bereuen. Ich werde Ihnen erzählen, warum.

Ich sprach vom großartigsten Verein der Welt. Es handelt sich um Bayer Leverkusen. Wenn Sie bereits Fan sind, dann brauche ich Sie nicht mehr zu überzeugen. Sie haben das Bayer-Gen in sich, lieben den Verein und können über abfällige Rufe gegenüber den »Pillendrehern« nur schmunzeln. Sie werden aber vielleicht in diesem Werk den einen oder anderen Grund finden, warum Bayer Leverkusen so liebenswert ist und sich wundern. Wirklich? Bernd Schuster hat die ersten drei Plätze beim Tor des Jahres belegt? Simon Rolfes hat die zweitschnellste Rote Karte der Bundesligageschichte bekommen und Jürgen Gelsdorf bekam Morddrohungen? Vielleicht ist tatsächlich etwas dabei, was Sie noch nicht wussten und was Ihre Liebe noch größer macht.

Natürlich sind auch die bitteren Momente der Vereinsgeschichte aufgearbeitet. So mancher Vizetitel findet hier Erwähnung, überhaupt – der Beginn von Vizekusen, aber auch Fastabstiege und Rote-Karten-Rekorde. Für alle ist etwas dabei und auch diese Geschichten machen den Verein nur noch liebenswerter.

Nun fragen sich die Nicht-Bayer-Anhänger, warum Sie dieses Buch nicht weglegen sollten. Aus den oben genannten Gründen. Weil Ihnen ein fremder Verein ein kleines Stückchen näher gebracht wird, von dem Sie vielleicht gar nicht dachten, dass Sie ihn auch mögen könnten. Dieser Verein wird etwas in Ihnen treffen, von dem Sie gar nicht wussten, dass es existiert. Sie müssen nur weiterlesen.

Sie sind gar kein Fußballfan? Das macht nichts, denn auch Sie werden bestens versorgt. Sie werden erfahren, wie es ist, Lebensgefährte eines Fußballfans zu sein. Sie werden aber auch die typischen Themen eines jeden guten Romans auf diesen Seiten wiederfinden. Es geht um Liebe, Spannung und Dramatik. Es gibt Tränen der Freude, aber auch des Schmerzes. Von himmelhochjauchzend bis zu Tode betrübt werden Sie fast jede Emotion in diesem Buch wiederfinden. Sie lieben Krimis? Liebesromane? Sachbücher? Das alles finden Sie hier. Dass es um einen luftgefüllten Lederball geht, werden Sie schnell vergessen. Es geht um mehr.

Zurück zum Fußball: Der Fußball kann alle verbinden und wenn Sie Ihr Herz an diesen Verein verlieren wollen, dann gibt es wohl keinen besseren Moment als diesen. Leverkusen ist ein schmucker Verein geworden, der attraktiven Fußball spielt, mit jungen talentierten Nachwuchsspielern, in einem kleinen, aber feinen Stadion und der sich aufmacht, die Großen aus München und Dortmund zu ärgern.

Mit einer vernünftigen Vereinspolitik und einem klugen Trainer hat man es geschafft, eine Mannschaft aufzubauen, die leistungsstark ist und auch international bestehen kann. Man muss keine Spieler mehr abgeben, weil der Verein X mal eben 20 Millionen auf den Tisch legt. Bayer hat ein gesundes Selbstbewusstsein aufgebaut. Was noch fehlt, ist eins – die deutsche Meisterschaft! Und was gibt es schöneres für einen Fan als die erste deutsche Meisterschaft? Wir Bayer-Fans haben diesen Traum nicht aufgegeben!

Jens Peters

Vorwort zur zweiten Auflage

Wie schön wäre es, wenn an dieser Stelle stehen würde, dass Leverkusen tatsächlich Meister geworden ist. Letztes Jahr. Ganz überraschend. Leider ist es nicht dazu gekommen, aber egal, denn wer seinen Verein liebt, der liebt ihn auch, wenn er absteigt, grausigen Fußball spielt und die falschen Spieler verpflichtet. Trotzdem ist seit der letzten Ausgabe einiges passiert, wenn auch keine Meisterschale im Trophäenschrank der Leverkusener platziert wurde. Einige Gründe wurden obsolet, andere manifestierten sich, zu anderen bekam ich Geschichten von damals zugeschickt. Auf ein paar Punkte möchte ich genauer eingehen.

So müssen wir uns heute nicht mehr darum streiten, wer das schnellste Bundesligator schoss. Ob Ulf Kirsten eine Hundertstel schneller war als Giovane Elber oder ob sie exakt gleich schnell ihr Tor machten. Nein. Das ist heute keine Frage mehr und umso schöner, dass dieses vermeintliche Problem ein weiterer Leverkusener gelöst hat, der damit einen eigenen Grund in diesem Buch verdient hätte. Karim Bellarabi erzielte im ersten Spiel der Saison 2014/2015 gegen Borussia Dortmund das 1:0 nach exakt neun Sekunden. Punkt.

Ergänzen möchte ich auch Grund 36 (»Weil Leverkusens Talente ein Abo auf die Fritz-Walter-Medaille haben«) um Julian Brandt und Levin Öztunali, in dem es um das Abonnement der Leverkusener Talente auf Fritz-Walter-Medaillen geht. Brandt holte die goldene und Öztunali die silberne Medaille.

Und zu guter Letzt möchte ich ein Wort auf die Fanfreundschaft zwischen den Kickers aus Offenbach und den Leverkusenern verlieren. Ein aufmerksamer Leser wies mich darauf hin, dass diese bereits 1980 ihren Anfang fand, nicht, wie mein Zeitzeuge berichtete, 1981.

Damit schließe ich die Anmerkungen zur zweiten Auflage und wünsche allen Lesern viel Spaß; und falls sie den Leverkusenern wohl gesonnen sind, auch die Meisterschaft für ihren Werksverein.

Jens Peters, im Januar 2015

KAPITEL 1

VON ADLER BIS ZÉ ROBERTO

SPIELER, DIE DER WERKSELF EIN GESICHT VERLIEHEN

1. GRUND

Weil in Leverkusen der weiße Brasilianer spielte

Von Bernd Schneider erzählt man sich, dass er einst in einen Klub irgendwo auf einer sonnigen Insel im Mittelmeer fuhr und sich langweilte. So ganz ohne Ball am Fuß ging es bei Schneider nie, also suchte er den nächsten Bolzplatz und fragte die dort kickenden Engländer, ob er mitspielen dürfe. Schneider, der nie ein großes Gehabe um seine Person gemacht hatte, wurde natürlich nicht erkannt. Er trug weder extravagante Kleidung noch Brillis im Ohr oder Ringe an den Händen, kein Bodyguard oder gar eine Entourage begleiteten ihn.

Also zockte der Leverkusener mit den Engländern und nach einigen Beinschüssen, Lupfern und Tricks der Marke Extraklasse wunderten sich diese schon, wer denn da sein Können zeigte. Schneider klärte seine Mitspieler jedoch nie auf. Er war immer bescheiden, und umso tragischer ist es, dass er ohne großen Titel im Jahr 2010 nach einer langwierigen Wirbelsäulenverletzung abtreten musste. Immerhin auf dem Platz vor seinem Publikum in der BayArena.

Er verkörperte stets die Freude am Spiel. Unter seinen Kollegen war er als »Schnix« bekannt. Bereits zu Jugendzeiten in Jena hatte man ihm diesen Spitznamen verpasst, denn »schnixeln« bedeutet dort tricksen und das konnte Schneider wie kein Zweiter. Er war einer der Letzten, die noch in die Kategorie Straßenfußballer passte. 1999 wechselte er von Eintracht Frankfurt nach Leverkusen für rund zwei Millionen Deutsche Mark. Er zahlte es dem Verein mit Treue und Leistung zurück. Sein brasilianischer Mitspieler Emerson nannte ihn aufgrund seiner Fähigkeiten den »weißen Brasilianer«.

Sein größtes Spiel, aber sicherlich auch seine größte Niederlage erfuhr Schneider im WM-Finale 2002 – gerade gegen diese Brasilianer. Seine Gegenspieler trieb er mit seinen Drehungen,

Finten und Dribblings in den Wahnsinn, doch Deutschland verlor. Für Schneider der Abschluss einer bitteren Saison, die schon zuvor in Leverkusen mit drei Vizetiteln in der Liga, im Pokal und in der Champions League endete. Danach klopften Vereine wie der FC Barcelona und Juventus Turin an, um Schneider zu verpflichten. Doch der Thüringer blieb Leverkusen treu, auch wenn Summen von 20–25 Millionen Euro im Raum standen. Eine Ablöse, die zu dieser Zeit noch eher unüblich war.

2010 absolvierte Schneider dann unter stehenden Ovationen sein letztes Spiel für Bayer gegen Borussia Mönchengladbach. Für sein offizielles Abschiedsspiel fertigte man extra Schuhe an. Auf Wunsch von Schneider mit silbernen Streifen anstelle von goldenen, wie der Sponsor eigentlich geplant hatte. »Das passt besser«[1], so Schneider. Zum ewigen Zweiten halt.

2. GRUND

Weil selbst ein Chancentod in Leverkusen noch gut spielt

Recherchiert man mit Google den Begriff »Chancentod«, bekommt man ca. 100.000 Ergebnisse geliefert. Präzisiert man die Suche mit dem Nachnamen von Leverkusens Stürmer Stefan Kießling, bleiben am Ende noch fast 50 Prozent der Treffer übrig. Lange Jahre galt der Franke als talentierter Spieler, dem jedoch jeder Ball vom Fuß springt. Kießling bekam Pässe in den Lauf, die er leichtfertig vertändelte. Kießling bekam Flanken maßgenau auf den Kopf serviert, aber der Stürmer vollbrachte es, den Ball meterweit neben das Tor zu setzen. Kießling stand alleine vor dem leeren Tor und platzierte den Ball fahrlässig neben dem Tor.

In seiner ersten Saison für Leverkusen 2006 wurde Kießling in einem Europapokal-Match gegen Beşiktaş Istanbul als Sturmhoffnung eingewechselt. Das Spiel war bezeichnend für die ersten Jahre des Spielers bei der Werkself. Kießling hatte die Großchancen, doch versagte er im entscheidenden Moment. Kießlings Glück in diesem Spiel war, dass aus seinem Versagen eine Möglichkeit für die Mitspieler zum Torerfolg entstand und Leverkusen am Ende 2:0 gewann. Bayer jubelte, Kießling trottete wie ein Verlierer vom Platz. Statt zweier Tore blieben vom Stürmer nur die wie Flipperkugeln wegspringenden Bälle, die Flanken auf die Tribüne und Gewaltschüsse, die in Zeitlupentempo beim gegnerischen Torhüter ankamen, im Gedächtnis.

Wer an Kießling in seiner Anfangszeit denkt, der hat den Chancentod im Hinterkopf. Einer, der viel arbeitet, aber sich nicht belohnt. Über die Jahre besserte sich die Situation um den aus Nürnberg gewechselten Franken. In seiner ersten Saison schoss er gerade acht Tore in der Bundesliga. In seiner vierten Spielzeit knackte er erstmals die 20-Tore-Marke mit 21 erzielten Treffern. In der Saison 2012/2013 schaffte er es mit 25 Toren sogar zum Torschützenkönig.

Wer heute an Stefan Kießling denkt, sieht einen Spieler vor sich, der der erfolgreichste deutsche Stürmer in der Bundesliga ist und der sich mit dem Verein voll und ganz identifiziert. Alle Abwerbungsversuche anderer Vereine prallen an ihm ab, für ihn gibt es nur Leverkusen. Seine Fähigkeiten haben sich enorm verbessert. Er ist der Spieler mit den meisten Zweikämpfen auf dem Platz und gewinnt sie vor allem in der Luft. Seine Dribblings haben inzwischen eine Raffinesse, dass so manchem Verteidiger der Atem stockt, und der Abschluss hat eine neue Qualität gewonnen. Der Kießling aus dem Jahr 2013 hat nichts mehr mit dem von 2006 zu tun. Der Franke hat durch kontinuierliche Arbeit eine außergewöhnliche Entwicklung genommen. Aus dem Chancentod wurde ein Torschützenkönig.

3. GRUND

Weil man Bum-kun Cha nach Leverkusen holte

Bayer Leverkusen war 1983 alles andere als ein Spitzenverein. Erst kurz vor Ende der Spielzeit hatte man den Abstieg verhindert und war am Schluss auf Platz 11 gelandet. Die Tabellenposition differierte somit von den Ansprüchen des Vorstands, der die Fußballabteilung gerne früher oder später im Europapokal sehen wollte. Um dieses Ziel zu erreichen, benötigte Trainer Dettmar Cramer jedoch stärkere Spieler, um dem Kader mehr Tiefe zu geben.

Ein Spieler, der ins Blickfeld von Manager Reiner Calmund rückte, war der zigfache südkoreanische Rekordnationalspieler Bum-kun Cha. Dessen Vertrag bei der Frankfurter Eintracht lief im Sommer aus, und es war klar, dass die Hessen Cha nicht weiter beschäftigen konnten. Zu leer waren die Kassen bei der Eintracht. Der Spieler wusste dies bereits während der Saison und äußerte frühzeitig Wünsche, wo er in Zukunft spielen wollen würde. Ein Spitzenverein sollte es sein für den Nationalspieler. Heißester Kandidat war der Hamburger SV, der gerade Meisterschaft und Europapokal gewonnen hatte. Problem war, dass Cha bereits 30 Jahre alt war und die Hanseaten eher nach einem Perspektivspieler suchten. Letztlich fanden sie in Wolfram Wuttke von Schalke 04 den gewünschten Spieler. Cha fuhr somit ohne Vertrag in den Sommerurlaub in die südkoreanische Heimat nach Seoul.

Diese Zeit nutzte Calmund, um über die südkoreanische Dependance von Bayer erste Kontakte zum Spieler zu knüpfen. Trainer Dettmar Cramer ging den Weg über Südkoreas Nationaltrainer, den er bei Lehrgängen kennengelernt hatte. Spektakulär wurde die Verpflichtung letztlich durch die Vertragsunterzeichnung, bei der man dem 1. FC Nürnberg zuvorkam. Club-Manager Michael Adolf Roth hatte sich bereits mit Eintracht Frankfurt auf einen Wechsel geeinigt, lediglich die Zustimmung von Cha fehlte noch. Also musste Calmund besonderen Einsatz zeigen, um den Südkoreaner von Bayer Leverkusen zu überzeugen. Zusammen mit Vorstandsmitglied Volrath Hoene fuhr er nach Frankfurt, um Cha am Flughafen abzufangen, und lotste den Spieler ins Hotel Sheraton.

Dass Leverkusen den Zuschlag bekam, lag wohl letztlich daran, dass man dem Spieler Rechtsbeistand in einem kniffligen Fall anbot, denn Cha hatte bei der deutschen Bundesrepublik Steuerschulden im sechsstelligen Bereich. Diese löste die Rechtsabteilung von Bayer, sodass Cha am Ende freudig bei Bayer Leverkusen unterschrieb und sich sogar als Werbefigur für das Werk zur Verfügung stellte. Für eine Ablösesumme von einer Million Mark wechselte er schließlich von Frankfurt nach Leverkusen, wo er 1988 den UEFA-Cup holte und 1989 seine Karriere beendete.

4. GRUND

Weil ein Engel in Leverkusen spielte

Er war der blonde Engel und er trug diesen Spitznamen völlig zu Recht. Bernd Schuster trug sein Haar in der Regel schulterlang und hatte himmlische fußballerische Qualitäten. Der Mittelfeldspieler war torgefährlich, hatte aber auch immer einen Blick für seine Mitspieler, die er aufgrund seiner außergewöhnlichen Technik immer wieder galant einsetzte. Dieser blonde Engel wurde zur Spielzeit 1993/1994 von Reiner Calmund verpflichtet, der damit endlich diesen Mittelfeldstar von seiner Wunschspielerliste streichen konnte.

Der Manager hatte schon mehrere Male probiert, Schuster nach Leverkusen zu lotsen, doch war er jedes Mal am Veto des Trainers gescheitert. Der Mittelfeldspieler galt nämlich alles andere als einfach im Charakter und fiel bei seinen Vereinen immer wieder durch Eskapaden auf. Den ersten Einspruch gab es von Rinus Michels 1988 nach Leverkusens UEFA-Cup-Sieg. Für den Trainer war Schuster zu schwierig. Zwei Jahre später lehnte Jürgen Gelsdorf einen Transfer mit den Worten »Schuster ist zwar ein genialer Spieler, doch er bringt mir zu viel Unruhe in eine intakte Truppe« ab.

Gelsdorf hatte mit seinem Team einen guten Start hingelegt, während Schuster schon während der Saison bei Real Madrid gekündigt hatte, da es dort nicht nach seinen Vorstellungen gelaufen war. Erst beim dritten Versuch hatte Reiner Calmund bei seinem Übungsleiter Dragoslav Stepanović Erfolg. Wieder hatte der Mittelfeldspieler Probleme bei seinem Verein. Bei Atlético Madrid war Schuster von der UEFA für fünf Europacup-Spiele gesperrt worden, weil er zusammen mit Mannschaftskollegen den deutschen Schiedsrichter Aaron Schmidhuber attackiert und ihm Bestechlichkeit vorgeworfen hatte. Atlético schied vorzeitig aus dem Wettbewerb aus, was dazu führte, dass Madrids Präsident Jesús Gil y Gil den Spielern nicht mehr im Verein wissen wollte.

Dieser Vorfall machte somit den Weg frei für Schusters Wechsel nach Deutschland. Der blonde Engel hatte schon mehrfach geäußert, dass ihm Leverkusen als zukünftiger Verein gefallen würde, sodass die Vertragsverhandlungen ein Leichtes für Reiner Calmund waren. Schuster freute sich auf seine neue Aufgabe und hoffte auf große Erfolge. »Ich will es in Deutschland noch mal allen zeigen und mit dem richtigen Trainer traue ich mir das auch zu. Stepanović und ich können in Leverkusen etwas bewegen.«[2] Sein größter Erfolg blieb das Belegen der ersten drei Ränge beim Tor des Jahres 1994.

Schusters Ende war typisch für seine Karriere. Nach diversen persönlichen Querelen geriet er mit seinem späteren Trainer Erich Ribbeck aneinander und wurde von diesem suspendiert. Schuster klagte daraufhin gegen Bayer vor dem Arbeitsgericht, die ihm eine saftige Abfindung zahlen mussten. Für den Fan bleiben seine wunderbaren Pässe, Flanken und Tore zurück. Der blonde Engel halt.

5. GRUND

Weil Leverkusen den einzigen Spieler in seinen Reihen hatte, der sich in der Halbzeit rasieren musste

Für kaum ein Produkt hätte Ulf Kirsten besser Werbung machen können als für Elektrorasierer. »Der Schwatte«, wie ihn Fans und Mitspieler aufgrund seiner Haarfarbe und seines Bartwuchses nannten, machte den Eindruck, als ob er sich halbstündlich rasieren müsste und die Halbzeitpause für eine frische Rasur nutzen würde. Natürlich war das übertrieben, aber Kirstens Bartwuchs war immer wieder gut für einen Spruch der Marke »Jetzt wird er nur so früh ausgewechselt, damit er sich den Bart trimmen kann«, wenn der Stürmer schon vor der 70. Minute den Platz verlassen musste.

Natürlich war Kirstens Haarpracht nicht das einzige herausstechende Merkmal des Stürmers und sicher nicht der Grund, warum er in jeder Bayer-Jahrhundertelf eines Leverkusen-Fans auftaucht. Wer nämlich an den Stürmer denkt, der hat auch seine unzähligen Tore im Sinn, seinen Kampfgeist und seinen Einsatz für die Mannschaft. Kirsten war es, der dreimal die Torjägerkanone für den besten Torschützen der Bundesliga gewann, und Kirsten war es, der Bayer den ersten und einzigen nationalen Titel bescherte. Sein Treffer sicherte den DFB-Pokal 1993 gegen die Amateure von Hertha BSC.

In 350 Bundesliga-Spielen erzielte er 182 Tore. Für Deutschland lief er 50-mal auf und ließ 20-mal das gegnerische Netz erzittern. Für Reiner Calmund war der in Riesa geborene Spieler sein Meisterstück. »Trotz Ballack, Völler, Schuster, Zé Roberto und Lúcio – Kirsten war mein Jahrhundert-Transfer«[3], so der ehemalige Manager von Leverkusen. Wie in vielen Fällen zuvor bewies Calmund auch hier mal wieder den richtigen Riecher und zeigte enormen Einsatz, um den Spieler zu verpflichten.

Nachdem man bereits Andreas Thom als ersten DDR-Spieler in die Bundesliga holte, sollten auch die beiden Top-Spieler Kirsten und Sammer folgen. Ersten Kontakt gab es beim DDR-Länderspiel im Wiener Praterstadion gegen Österreich. Calmund schleust den Bayer-Mitarbeiter Wolfgang Karnath als Rotkreuz-Mitarbeiter und als Fotograf in den Innenraum des Stadions. Karnath nimmt direkt Kontakt zu den Spielern auf und macht sich sogar so gut, dass er mit der DDR-Mannschaft zurück nach Berlin fliegt und die Kontaktdaten der Spieler einsammelt. Calmund lädt die beiden Spieler dann über die Weihnachtstage 1989 an den Chiemsee ein.

Zu diesem Zeitpunkt hat Sammer schon seine Zusage an den VfB Stuttgart gegeben und Kirsten Interesse an einem Wechsel zum VfL Bochum signalisiert. Hermann Gerland war dort gerade Trainer, welcher Kirsten noch zu DDR-Zeiten ein Kofferradio geschenkt hatte. Aus Dankbarkeit wollte er nun ins Ruhrgebiet. Bochum konnte sich den Transfer jedoch nicht leisten. Danach vergehen zunächst ein paar Monate, ehe Bayer-Finanzchef Achim Fischer Calmund grünes Licht für den Transfer und die Investition von 3,5 Millionen Mark Ablöse gibt. Calmund fackelt nicht lange und fängt den Spieler nach seinem Länderspiel für die DDR in Glasgow am Berliner Flughafen ab und fährt mit ihm nach Dresden, um den Deal in trockene Tücher zu bringen. Ein Deal, der sich bezahlt machte. Kirsten wurde der Spieler der Neunzigerjahre und Identifikationsfigur für Anhänger in Leverkusen, aber auch in ganz Fußballdeutschland.

6. GRUND

Weil Heiko Herrlich in Leverkusen Jorginho kennenlernte

Es war eine schicksalhafte Begegnung zweier Sportler. Der hoffnungsvolle Nachwuchsstürmer Heiko Herrlich trifft auf den brasilianischen Vollblutverteidiger Jorginho. Herrlich – gerade 18-jährig – galt als großes Talent, als Reiner Calmund den langen Schlaks mit dem Lockenkopf 1989 nach Leverkusen holt. Jorginho dagegen sollte erst gar nicht zu Bayer kommen. Das Trainerteam Peter Herrmann und Jürgen Gelsdorf waren im Juni desselben Jahres zum Länderspiel der Brasilianer gegen Portugal gereist, um den Mittelfeldspieler Bernardo zu beobachten. Doch statt Bernardo spielte sich Jorginho in den Vordergrund, sodass Herrmann und Gelsdorf ihre Meinung änderten und Calmund anhielten, sich um den Abwehrspieler zu bemühen. Mit Erfolg.

Die beiden Neuankömmlinge freundeten sich flugs an und teilten sich bei Auswärtsfahrten ein Hotelzimmer. Während Jorginho noch Anpassungsschwierigkeiten mit der deutschen Sprache hatte und gerne mal »Halbzeit« statt »Mahlzeit«[4] zum Essen sagte – zur Freude seiner Mitspieler, die ihn erst sehr spät auf diesen Fauxpas aufmerksam machten –, kam Herrlich spielerisch in Leverkusen gar nicht klar. 75 Einsätze sammelte er zwar in vier Jahren, doch in der Startelf stand er gerade 20-mal. Nur sechs Tore schoss er für Bayer. Zu wenig, um an Spielern wie Marek Leśniak oder Ulf Kirsten vorbeizukommen.

Die Akte Herrlich wurde in Leverkusen dann 1993 geschlossen, als er nach Gladbach wechselte und dort den Durchbruch schaffte. Dennoch war die Zeit bei Bayer keine verschenkte, denn Herrlich fand durch Jorginho seinen Weg zum Glauben an Gott. Der Brasilianer, der nach Toren immer wieder T-Shirts unter seinem Trikot mit der Botschaft »Jesus liebt dich« hervorzauberte, hatte irgendwann einen Bibelkreis gegründet und den jungen Stürmer dazu eingeladen. Für Herrlich ein wichtiger Schritt in seiner Karriere und in seinem Leben, der ihm viel Halt in schweren Zeiten gab. Denn nicht nur die Zeit in Leverkusen war von Rückschlägen geprägt, auch seine weitere Karriere sollte kein Zuckerschlecken werden.

1995 wollte Herrlich aus seinem Vertrag bei Gladbach aussteigen, da der damalige Manager Rolf Rüssmann ihm dies wohl mündlich zugesichert hatte. Im Verein konnte sich nur niemand daran erinnern, sodass Herrlich schließlich über lange Zeit die Arbeit verweigerte. Beendet wurde dieses traurige Kapitel durch den DFB, der zwischen Dortmund und Gladbach einen Wechsel vermittelte. Sehr viel Geld floss wohl zwischen beiden Vereinen, sehr zum Ärger der Fans, die ihn fortan als Söldner beschimpften. Dortmund wurde dann seine erfolgreichste Zeit mit der Meisterschaft 1996 sowie dem Champions-League-Erfolg 1997.

Im Jahr 2000 erhielt er dann die Schreckensnachricht Krebs. Ein Tumor hatte sich im Mittelhirn breitgemacht und die Prognose deutete zunächst darauf hin, dass Herrlich wohl diesen Kampf nicht gewinnen könnte. Doch es kam anders. Nach einer sechswöchigen Strahlentherapie scheint der Krebs bis heute besiegt. Mit Gottes Hilfe, wie Herrlich erklärt: »Durch ihn habe ich immer wieder neu Trost und Kraft und inneren Frieden erfahren. Das ist eine Erfahrung, die ihren Wert auch über diese Wochen hinaus behalten wird und die ich auch anderen von Herzen wünsche.«[5] Hätte Herrlich damals in Leverkusen nicht Jorginho getroffen, wäre diese Zeit vielleicht ganz anders verlaufen. Heute kann er sagen, dass es eine Begegnung mit Wert für ihn war. Noch heute besuchen sich die Spieler gegenseitig und sind miteinander befreundet.

7. GRUND

Weil Jürgen Gelsdorf ein Foul überlebte

Jürgen Gelsdorf überlebte ein Foul. Doch nicht er wurde gefoult, sondern er griff zu unlauteren Mitteln. Mit unglaublichen Folgen, denn Gelsdorf erhielt Morddrohungen. Bum-kun Cha war vorbereitet für dieses Spiel. Er wusste, dass ihn einiges erwarten würde. Er trug doppelte Schienbeinschützer, speziell angefertigte Plastikschalen für Achillessehne und Wade sowie Bandagen, als es am

23. August 1980 nach Leverkusen ging. Der Frankfurter Stürmer war neben Karl-Heinz Rummenigge der beste Stürmer der Liga, und in Leverkusen warteten die unangenehmen Gegenspieler Dietmar Demuth und besagter Jürgen Gelsdorf auf ihn, um den Südkoreaner die Lust am Spiel zu nehmen.

Dies gelang. Der Spielbericht des *kickers* vermerkte in den ersten Minuten bereits drei Fouls von Demuth an Cha, doch der alternde Ex-FIFA-Referee Klaus Ohmsen verzichtete vorerst auf eine Verwarnung. In der 15. Minute passierte dann, was Gelsdorf später als Allerweltsfoul bezeichnen sollte: »Ein Zweikampf wie tausend andere, die ich bislang in meiner Karriere geführt hatte. Nur mit ganz anderen Folgen. Cha wollte an mir vorbei, ich grätschte zum Ball, traf seinen Fuß, er stürzte. Ein Foul.«[6]

Die Folgen waren für Cha, dass er zunächst einmal ins Krankenhaus transportiert wurde. Er war auf den Rücken gefallen, hatte sich eine Rippe gebrochen und fiel anderthalb Monate aus. Die Folgen jedoch für Gelsdorf waren ganz andere. Er bekam Gelb für diese Grätsche. Doch aufgrund der Tatsache, dass das Foul durchaus spektakulär ausgesehen hatte, wähnte Eintracht-Trainer Lothar Buchmann bereits das Karriereende für seinen Spieler. Er habe sogar Stollenabdrücke auf Chas Rücken gesehen.

Die Presse sprang auf diesen Zug auf. Die BILD-Zeitung forderte »fünf Jahre Haft« für Gelsdorf und der *kicker* titelte »Stoppt endlich diese Treter«[7]. Doch damit nicht genug, denn es kam noch schlimmer für Gelsdorf: »Die ersten Morddrohungen trafen bereits am Sonntag ein, mit Beginn der neuen Woche wurden es immer mehr. Hunderte, so erzählte man mir später, gingen in dieser Zeit auf der Geschäftsstelle von Bayer Leverkusen ein. In einem Drohbrief hieß es: ›In einer halben Stunde legen wir den Gelsdorf um! Gezeichnet: Das Mordkommando Bum-kun Cha‹«[8] Gelsdorf erhielt Personenschutz, doch dem Spieler setzten die Drohungen extrem zu. Nicht Cha stand vor dem Karriereende, Gelsdorf dachte darüber nach, die Fußballschuhe an den Nagel zu hängen.

Vier Wochen ging das so, ehe sich die Lage beruhigte, die Medien zurückruderten und der Leverkusener auf Personenschützer verzichten konnte. Knapp drei Jahre später verpflichtete dann Reiner Calmund Bum-kun Cha für Bayer. »Als wir uns sahen, mussten wir lachen. So verrückt ist nur das Leben. Wir umarmten uns, jetzt würden wir gemeinsam Fußball spielen.« Gelsdorf und Cha wurden gute Freunde. »Das hat der liebe Gott so geregelt«[9], so Cha.

8. GRUND

Weil in Leverkusen gute Spieler nicht in der Nationalmannschaft spielen müssen

Was in der deutschen Presselandschaft im Jahr 2013 weiterhin für Verwunderung sorgt, sollte Bayer Leverkusen-Fans freuen. Ein Spieler, der in der Liga absolute Topleistungen auf hohem internationalen Niveau bringt, spielt keine Rolle in den Planungen des Bundestrainers. Jogi Löw interessiert sich nicht für Stürmer Stefan Kießling, und das ist auch gut so. Ein Vorteil für den Verein und für die Anhänger. Denn obwohl Kießling Torschützenkönig in der Saison 2012/2013 wurde und gleichzeitig auch noch die meisten Scorerpunkte sammelte, spielt er keine Rolle in der Nationalmannschaft und spart sich damit in schöner Regelmäßigkeit lästige Spiele unter der Woche oder gar große Turniere im Sommer.

Wenn andere Spieler sich zwischen zwei Spieltagen mit langen Flügen nach Aserbaidschan zu unwichtigen Qualifikationsspielen quälen, legt Kießling eine lockere Trainingseinheit mit seinen Mannschaftskollegen ein, um sich auf den nächsten Gegner in der Bundesliga vorzubereiten. Und während im Sommer die Nationalmannschaft unter Jogi Löw doch nur Zweiter oder Dritter bei einer Welt- oder Europameisterschaft wird, genießt der Franke im Leverkusener Trikot den Urlaub in der Dominikanischen Republik oder am Bodensee. Er kommt ausgeruht aus der Sommerpause, ohne Verletzung und darf sich auf die neue Saison freuen.

Während bei den Bayern immer gemosert wird, dass nach großen Turnieren keine Titel geholt werden, weil alle Spieler bei der Nationalelf waren, kann dies in Leverkusen nicht passieren. Okay, die Titel blieben bisher aus, aber man hat auch andere Voraussetzungen bei Bayer. Also sollten sich Stefan Kießling, aber auch der Verein und die Fans freuen, wenn er mal wieder nicht zu einem Länderspiel eingeladen oder für eine Weltmeisterschaft nominiert wurde. Soll doch Jogi Löw Mario Gomez vorziehen, auch wenn er nur einige wenige Male in der Liga getroffen hat. Oder Miroslav Klose, auch wenn der die ganze Saison verletzt war. Oder wenn beide verletzt sind, kann man ja immer noch Mittelfeldspieler in den Sturm ziehen. Mario Götze und Marco Reus haben da ja auch ihre Qualitäten.

Letztlich zählt ja der Erfolg, und da sollte sich Stefan Kießling nicht grämen. Erfolg hat er in der Liga. Von Jahr zu Jahr verbessert sich der Franke im Trikot der Leverkusener, und dieses Jahr krönte er seine Entwicklung mit der Torjägerkanone. Das ist doch auch schon was. Und wenn eines Tages Jogi Löw nicht mehr Trainer der Nationalmannschaft sein sollte und ein anderer Teamchef bei Kießling anruft, dann kann Kießling ja noch mal drüber nachdenken, ob ihm das Trikot der DFB-Elf stehen würde.

9. GRUND

Weil Michael Ballack in Leverkusen spielte

Die Geschichte von Michael Ballack in Leverkusen ist eine Geschichte voller Missverständnisse. Sie ist vor allem geprägt von Ballacks zweitem Engagement bei Bayer zum Abschluss seiner Karriere. 2010 gelang Rudi Völler der Überraschungscoup, als man den einstigen Capitano noch einmal für zwei Jahre ablösefrei aus Chelsea holte. Ballack sollte das Gesicht der Mannschaft werden. Ballack sollte im Mittelfeld noch mal Fäden ziehen, wo vorher keine waren, und Ballack sollte seine alte Torgefährlichkeit in Leverkusen wiederentdecken.

Von all den Erwartungen erfüllte er nur wenige. Nach Abschluss seiner zwei Spielzeiten hörte man ihn sagen, dass es »eine Zeit zum Vergessen war«[10]. Ballack verletzte sich direkt zu Beginn seiner ersten Saison. Der Schienbeinkopf brach im Spiel gegen Hannover und Ballack war damit erst einmal weg vom Fenster. Erst zur Rückrunde stieß er wieder in Stammelf zurück und brachte es noch auf 17 Spiele unter Jupp Heynckes, der zum Abschluss seiner Beschäftigung bei Bayer natürlich den Vizetitel sicherte.

In Spielzeit zwei sollte unter Robin Dutt dann alles besser werden, doch es wurde eher schlimmer. Das Verhältnis zwischen Dutt und ihm war mehr als angespannt, speziell weil Dutt befand, dass es eine Ehre sei, auf der Bank von Leverkusen zu sitzen, und Ballack sich als Stammspieler sah. Tatsächlich gelang es dem Mittelfeldstrategen ab und an, sein Können aufblitzen zu lassen. Speziell auf der großen Bühne, in Spielen wie gegen seinen ehemaligen Arbeitgeber Chelsea, wurde klar, was für Hoffnungen Völler und Holzhäuser in die Verpflichtung Ballacks gesetzt hatten und was er zu leisten imstande war.

Dutt musste irgendwann gehen. Ballack saß trotzdem oft auf der Bank, verletzte sich zusätzlich noch an der Wade und auch seine zweite Saison bei Bayer hinterließ kaum Bemerkenswertes. Am 34. Spieltag gegen Hannover 96 feierte er seinen Abschied von Leverkusen, von der Bundesliga und von der großen Fußballbühne. Ballack beendete seine aktive Karriere. Trotz seines eher unwürdigen Abschieds bleibt den Fans dennoch der große Ballack in Erinnerung.

Der Ballack, der Leverkusen bis fast ganz nach oben an die Spitze Europas führte. Der einst für acht Millionen Deutsche Mark als hochgehandeltes Talent aus Kaiserslautern kam und Bayer zu einem Meisterschaftskandidaten machte. Der immer kämpfte. Der immer biss. Der auch in der Nationalmannschaft Verantwortung übernahm und Deutschland 2002 mehr als überraschend ins Finale führte. Der 2002 17 Tore in der Bundesliga schoss, was ein absoluter Spitzenwert für einen Mittelfeldspieler ist, und erstmals Deutschlands Fußballspieler des Jahres wurde. Der 2002 als Mittelfeldspieler des Jahres ausgezeichnet wurde.

All dies ist Michael Ballack. Da machen auch zwei mehr schlechte als rechte Jahre und Unterhaching nichts mehr aus. Ballack wird immer seinen Platz in Leverkusen haben.

10. GRUND

Weil Marek Leśniak nicht mehr angerufen werden muss

Marek Leśniak war wohl, seit es Mobilfunkgeräte gibt, in jedem Handy deutscher Sportreporter gespeichert. Alljährlich wenn Bayer Leverkusen in München spielte, wurde der Schnauzbart kontaktiert. »Sag mal Marek, wie war das eigentlich, als du Bayer zum letzten Mal einen Sieg in München beschert hast?«, dürften die Redakteure dann gefragt haben, und der schnauzbärtige Pole dürfte einmal tief geschnauft und dann seine Geschichte erzählt haben.

Am 21. Oktober 1989, kurz vor dem Fall der Mauer, gastierte die Werkself in München. Traditionell gab es da nie viel zu holen, doch in diesem Jahr schrieb Bayer Geschichte. Marek Leśniak schrieb Geschichte, der in der 14. Minute im Zusammenspiel mit Christian Schreier und Andrzeij Buncol das 1:0 für Leverkusen erzielte. Es blieb dabei. Bayer siegte 1:0. Es sollte der letzte Sieg einer Bayerelf bis ins Jahr 2012 in München sein. Erst 23 Jahre später siegte Bayer beim legendären Triple-Meister der Spielzeit. Es war Bayerns einzige Niederlage in dieser Spielzeit.

Doch Marek Leśniak ist alles andere als traurig, dass er nun keine Anrufe mehr erhält. »Ach, alle Serien reißen mal. Die Leute rufen ja trotzdem noch an«, erklärt der Pole, dessen Telefon nach dem Sieg der Werkself im Jahr 2012 nicht stillstand. Stefan Kießling hatte Bayer in Front geschossen, doch bei Leśniaks Wunschergebnis blieb es nicht. »Ich saß im Auto, habe Radio gehört und dabei gehofft, dass es beim 0:1 bleibt. Das wäre exakt das Ergebnis von damals gewesen«, erklärt er. »Außerdem wäre Stefan Kießling der neue Marek Leśniak gewesen. Damit hätte ich gut leben können.«[11]

Am Ende wurde es dann jedoch die Nase von Jérôme Boateng, die Geschichte schrieb. Bayern glich zwischenzeitlich aus, doch Sidney Sam schoss kurz vor Ende der Partie Boateng an, von dessen Kopf der Ball ins Netz von Bayerns Keeper Manuel Neuer trudelte. Leverkusen gewann 2:1. Die Reporter der Nation können nun die Nummer von Leśniak löschen – oder? Wer weiß? Denn der Pole hatte auch für seine anderen Vereine immer einen guten Lauf gegen die Bayern.

Mit Wattenscheid sicherte er einst in München im Alleingang ein 3:3-Remis. Ein Jahr zuvor hatte er per Fallrückzieher die Münchner erlegt und Wattenscheid einen unerwarteten Sieg ermöglicht. Wattenscheid spielt zwar gerade Oberliga, aber vielleicht trifft man ja eines Tages im Pokal aufeinander und dann werden sich die Reporter an Leśniak erinnern.

Übrigens trägt der ehemalige Bayerstürmer keinen Schnauzbart mehr. Nach mehr als 20 Jahren trennte er sich von seinem Markenzeichen und ließ sich nun auch rund um den Mund einen Bart wachsen. »Als ich in der Oberliga angefangen habe und sich meine Karriere langsam dem Ende entgegen neigte, wollte ich mich aber doch endlich mal verändern und dann kam der Schnauzer ab.«[12] Ein kleines Stück Geschichte wurde abrasiert.

11. GRUND

Weil mit Sami Hyypiä eine Legende in Leverkusen spielte

Am 4. Mai 2009 flatterte in die Redaktionen der Republik eine überraschende Meldung. Sami Tuomas Hyypiä, die finnische Legende von der Anfield Road, der Abwehrrecke, der jahrelang die Schotten beim FC Liverpool dicht hielt, wurde an diesem Tag für die Werkself verpflichtet. Viele wunderten sich, warum man einen 35-jährigen Mann für die zentrale Position in der Abwehr holte. Was soll der alte Mann noch reißen? Er wird sich nicht mehr so schnell bewegen können und wohl oft das Nachsehen in der immer besser werdenden Bundesliga haben.

Doch Rudi Völler gelang in diesen Tagen im Jahr 2009 der Königstransfer für die Saison 2009/2010. Bayer Leverkusen hatte ein junges Team. Die Abwehr fiel immer wieder durch Leichtsinnspatzer der jungen Spieler auf und Hyypiä sollte an dieser Stelle ausputzen. Völler vertraute darauf, dass Hyypiäs Legendenstatus nicht irgendwo herkam und der Finne auch noch mit 35 Jahren seine Leistungen abrufen kann. Hyypiä hatte zuletzt eher auf der Bank in Liverpool gesessen, als auf dem Feld Tore verhindert, sodass Völlers Schachzug zumindest ein bisschen riskant war.

Dennoch stand auf Hyypiäs Habenseite die Erfahrung von zehn Premier-League-Jahren. Von 314 Spielen für den FC Liverpool und unzählbar vielen Auszeichnungen, Pokalen und Erfolgen. Neunmal wurde der lange Blonde Finnlands Fußballer des Jahres. 2001 wurde er mit Liverpool UEFA-Cup- und UEFA-Super-Cup-Sieger. 2005 gewann er mit den Engländern die Königsklasse. Unglaubliche Erfolge, die dem Kapitän und Ersatzkapitän von Steven Gerrard niemand in Leverkusen voraus hatte. Als er 2009 an der Anfield Road sein Abschiedsspiel bestritt, wurde er mit stehenden Ovationen und Gesängen verabschiedet. Unter Tränen und auf den Schultern seiner Mitspieler verließ er den Platz.

Dieser Mann wurde in den beiden Spielzeiten, die er für Bayer auf dem Platz agierte, zum Schlüsselspieler und zur verlängerten Hand von Jupp Heynckes. Hyypiäs Erfahrung war sein größtes Kapital, fehlende Schnelligkeit machte er durch hervorragendes Stellungsspiel wieder wett. Die Kritiker wurden bald still und die fehlende Stabilität der Leverkusener Hintermannschaft wurde ad acta gelegt. In nur zwei Jahren erarbeitete sich Hyypiä den Status eines absoluten Führungsspielers, eines Teamplayers und einer Ikone bei den Fans. Als Vizemeister beendete er 2011 in Leverkusen seine Karriere. Nach seiner Spielerlaufbahn begab sich der Finne flugs an die Trainerausbildung.

Neben einem Praktikum in Leverkusen arbeitete er auch als Co-Trainer für die finnische Nationalmannschaft, ehe er nicht einmal ein Jahr nach seinem letzten Match als Spieler von Rudi Völler zusammen mit Sascha Lewandowski als Trainer verpflichtet wurde. Die beiden sprangen für den erfolglosen Robin Dutt ein. Zwar hatte Hyypiä noch nicht die nötige Lizenz für die Arbeit in der Bundesliga – dafür wurde ihm aber Lewandowski an die Seite gestellt, mit dem er Leverkusen in der Spielzeit 2012/2013 auf den dritten Rang der Bundesliga führte. In der folgenden Spielzeit kehrte Lewandowski wieder in den Jugendbereich zurück und der finnische Trainer übernahm die alleinige Verantwortung für die Werkself.

12. GRUND

Weil sich 109 Nationalspieler nicht täuschen können

Spieler, die zu Bayer Leverkusen kommen, haben eine gewisse Erwartungshaltung, wenn sie sich vom Werksklub verpflichten lassen. In den heutigen Tagen herrscht die Meinung vor, dass Leverkusen eine Mannschaft ist, die im oberen Tabellendrittel spielt, dass Leverkusen eine Mannschaft ist, die junge Spieler nach vorne bringt, und dass man in dieser Mannschaft den Status des Nationalspielers erreichen oder halten kann.

Ganze 109 Spieler haben es in all den Jahren geschafft, für eine Länderauswahl während ihrer Vereinszugehörigkeit zu spielen. 109 Spieler, die entweder in Leverkusen zu einem Nationalspieler wurden, oder die glaubten, dass sie bei Bayer Nationalspieler bleiben und dass der Verein der richtige für die Wahrung dieses Status ist. Von den 109 Spielern standen 33 für die deutsche Nationalmannschaft auf dem Feld und 76 für die internationale Landesauswahl.

Die Liste der deutschen Spieler reicht von Legenden wie Ulf Kirsten oder Bernd Schneider, über eher One-Hit-Wonder wie Daniel Bierofka, Thomas Brdarić oder Paulo Rink, die nur zu wenigen Einsätzen kamen. Einen großen Titel holte kein Leverkusener im Deutschland-Trikot, denn Ulf Kirsten war gerade nicht im Europameister-Kader 1996. Leverkusen hatte gerade den Abstieg verhindert und Kirsten lediglich acht Treffer erzielt. Kirsten musste zu Hause bleiben und an seiner statt stürmten Jürgen Klinsmann, Oliver Bierhoff, Stefan Kuntz und Fredi Bobic zum Europameisterschaftstitel.

Bei den Internationalen hat man immerhin den Weltmeister Lúcio hervorgebracht. Der Abwehrbolide gehörte zur brasilianischen Weltmeisterelf von 2002. Er war damit der einzige Leverkusener, der einen Titel im ominösen Seuchenjahr erlangte. Seine deutschen Kollegen waren den Brasilianern im Finale unterlegen. Carsten Ramelow, Bernd Schneider und Oliver Neuville sammelten in diesem Finale Vizetitel Numero vier. Karim Haggui gewann 2004 mit den »Aigles de Carthage« den Afrika-Cup. Der Tunesier hatte dabei maßgeblichen Anteil, als er im Viertelfinale einen entscheidenden Elfmeter verwandelte. Er war damit der jüngste tunesische Gewinner eines Afrika-Cups.

Darüber hinaus gibt es viele kleine und große Erfolge von Leverkusener Nationalspielern. Fakt bleibt, dass sich diese Spieler nicht getäuscht haben. Sie alle sind in Leverkusen zu Vertretern ihres Landes in der Nationalmannschaft geworden oder sind es geblieben. Nur selten gab es Enttäuschungen. Leverkusen war schon immer eine gute Adresse für Nationalspieler. – Es sei denn, man heißt Stefan Kießling, aber das ist ein anderes Kapitel.

13. GRUND

Weil Gonzalo Castro für den Verein die Nationalelf opferte

Mit zwölf Jahren schloss sich Gonzalo Castro Bayer Leverkusen an. Es war 1999 – die Werkself strebte gerade an die Spitze Deutschlands – das legendäre Vizekusen-Jahr stand noch bevor. Gonzalo Castro ist ein Talent, dem schon früh vorausgesagt wird, dass er mal ein Großer wird. Zwar etwas klein für sein Alter, aber gute Technik, kluger Kopf, ein Allrounder irgendwo zwischen Mittelfeld und Abwehr.

Castro macht sich gut bei Bayer. 2005, mit nur 17 Jahren, wird er Bayers jüngster Spieler in der Bundesliga (er wurde im Frühjahr 2013 von Uwe Seelers Enkel Levin Öztunali abgelöst). Im Spiel gegen Hannover 96 am 18. Spieltag wird er eingewechselt. Auf dem Platz stehen Namen wie Hans-Jörg Butt, Bernd Schneider, Jens Nowotny, Carsten Ramelow und Dimitar Berbatow. Eine andere Generation. Zu dieser Zeit darf Castro noch im Mittelfeld ran. Und zwar bald nicht nur als Einwechselspieler, sondern noch in der gleichen Spielzeit etabliert sich Castro auf der defensiven Mittelfeldposition in der Startelf.

Castro wird zum Dauerbrenner in Leverkusen, doch er entwickelt sich zum Problemfall. Castro spielt fast immer, und weil er vielseitig einsetzbar ist, rückt er bald auf die Außenverteidiger-Position. Von da schafft es der Deutsch-Spanier in die Nationalelf, obwohl seine wahre Stärke ja doch eher im Mittelfeld liegt. Gegen Dänemark debütiert er, vier weitere Spiele im A-Kader folgen. Dann nimmt ihn Jogi Löw nicht mehr wahr. Stattdessen darf er 2009 bei der U21-Europameisterschaft unter Horst Hrubesch wieder Mittelfeld spielen und gewinnt prompt mit Spielern wie Manuel Neuer, Jérôme Boateng, Mats Hummels, Sami Khedira und Mesut Özil den Titel. Beim 4:0-Sieg gegen England eröffnet er den Torreigen. Doch während Özil und Co. heute in der Nationalelf spielen, wird Castro nicht berücksichtigt.

Castro spielte zu lange auf der Außenverteidigerposition, und dort zu inkonsistent. Gute Spiele wechselten sich mit durchschnittlichen ab. Für Leverkusen reichte es, doch für die Nationalelf halt nicht. Hinzu kam, dass er nie der Lautsprecher war und auf dem Platz gerne phlegmatisch wirkt. Etwas, was ihm bis heute nachhängt, und das, obwohl er in der Spielzeit 2012/2013 von Sami Hyypiä und Sascha Lewandowski erlöst wurde. Das Trainerduo erkannte seine eigentliche Stärke und ließ ihn im Mittelfeld rotieren. Er spielte numerisch die beste Saison seiner inzwischen schon fortgeschrittenen Karriere. Sechs Tore, acht Vorlagen und zahlreiche Spitzenleistungen zählen die Statisten. Wer glaubt, dass Castro inzwischen zum alten Eisen gehört, der täuscht sich. Er ist immer noch erst 26 Jahre alt.

Castro hat sich entwickelt. Er hat Jahre für das Team gearbeitet, hat dort gespielt, wo er gebraucht wurde. Er hat nie den Mund aufgemacht, auch wenn ihn das vielleicht die Nationalmannschaft gekostet hat. Was wäre, wenn er die letzten Jahre kontinuierlich im Mittelfeld gespielt hätte? Castro zeigt eine ungeheure Aufopferungsbereitschaft für den Verein, die man heutzutage kaum noch von Spielern kennt. Umso mehr schmerzt es, wenn Fans dann Castro anfeinden, doch er wehrt sich inzwischen via sozialer Medien.

»234 Buli-Spiele mit 26 Jahren, das sind die meisten Buli-Spiele bis zu diesen Alter von den aktuellen Akteuren. Das Ganze auf zehn verschiedenen Positionen, aber immer nur ein Verein! Nur mal so als Info an die Medien und manche Fans, die sagen, ich würde manchmal phlegmatisch oder lustlos trainieren oder spielen!«[13] – Recht hat er.

14. GRUND

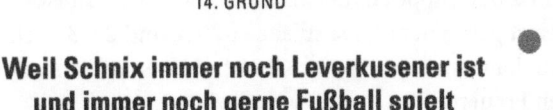

Weil Schnix immer noch Leverkusener ist und immer noch gerne Fußball spielt

Bernd Schneider, auch als »Schnix« bekannt, Leverkusener Legende, weißer Brasilianer und als letzter Straßenfußballer Deutschlands aktiv, ist zwar nach seiner Karriere eher im Umfeld von Jena zu finden, dennoch ist er immer noch Leverkusener. Schneider, der seine Karriere im Mai 2010 mit einem Abschiedsspiel in der BayArena beendete, prägte ein Jahrzehnt den Fußball der Werkself und spielte sich in die Herzen der Fans. Umso weniger verwundert es, dass er noch heute gerne vor den Ball tritt und einem kleinen Kick nicht abgeneigt ist und dass er immer noch mit Herzblut die Spiele der Leverkusener verfolgt.

Fast jede Woche kommentiert »Schnix« das letzte Match der Werkself und beurteilt die Gesamtsituation. Aber nicht in Oberlehrermanier wie so mancher Exprofi vor den Kameras der großen Sendeanstalten, sondern wie ein Fan mit Leidenschaft auf seiner privaten Homepage. So interpretierte er den Saisonauftakt der Spielzeit 2013/2014 als einen sehr guten und weiß auch die erste Niederlage gegen Schalke und die Pleite in der Champions League treffend einzuordnen: »Klar, es wird auch wieder Rückschläge geben. Aber für mich ist es besonders positiv, dass unsere Jungs dann nicht den Kopf verlieren, was früher schon mal der Fall war«, resümiert Schneider. »Es ist ein deutlicher Fortschritt festzustellen, was die Stabilisierung angeht. Das stimmt mich optimistisch.«[14]

Da geht dem Fan das Herz auf, wenn Schneider immer noch von »unseren Jungs«[15] spricht, auch wenn er nicht mehr für die Werkself auf dem Platz steht und auch sonst keine Funktion im Verein hat. Ebenso freuen und gönnen wird es die Schnix-Fans, dass er alle naselang die Fußballschuhe schnürt und das tut, was er am liebsten macht: Kicken. Vorzugsweise bei den Grasshoppers Jena, einer Hobbytruppe aus der »Lichtstadt«[16], wie Schneider seinen Geburtsort gerne nennt. Da spielte er 2012 und 2013 auch schon mal bei Jubiläumsturnieren von Kleinstvereinen oder macht Testspiele gegen Frauenteams.[17]

Schneider ist sich für keinen Gegner zu schade und trägt sich in der Regel doppelt und dreifach in die Torschützenliste ein. Schneider, der eher als Vorbereiter in seiner Karriere auffiel, anstatt selbst zu vollstrecken. Schneider, der in 81 Länderspielen gerade viermal traf und auf die Frage nach dem ersten Treffer im Nationaltrikot gerne augenzwinkernd antwortete: »Der alles entscheidende Freistoß-Treffer zum 8:0 bei unseren ersten Match der WM 2002 gegen die Saudis.«[18]

Schneider scheint es gut zu gehen, und das wird alle Bayer-Fans freuen. Einen wie den weißen Brasilianer gibt es wohl so schnell nicht wieder.

KAPITEL 2

RONALDO, BARÇA UND DAS DERBY

SPIELE, DIE MAN NICHT VERGISST

15. GRUND

Weil man auch in Unterzahl noch Bayern München schlug

Christian Wörns hat in seiner Karriere die ein oder andere Rote Karte gesehen. Wer erinnert sich nicht an den Platzverweis im WM-Viertelfinale 1998 gegen Kroatien? Beim Stande von 0:0 spielte Lothar Matthäus einen zu kurzen Pass auf Wörns. Davor Šuker riecht den Braten, kommt vor Wörns an den Ball, der jedoch mit voller Wucht klären will. Der Verteidiger trifft anstelle des Balles Šuker. Šuker fällt, macht drei Rollen und krümmt sich vor Schmerzen. Schiedsrichter Rune Pedersen entscheidet auf Notbremse. Rot. Jahre später beichtet Šuker Wörns, dass das Foul wohl nicht so schlimm war.

Die deutsche Nationalmannschaft muss dennoch nach der 40. Minute in Unterzahl spielen und verliert mit 0:3. Nach dem Europameisterschaftstitel von 1996 eine herbe Enttäuschung bei der WM. Einige Monate zuvor hatte Wörns schon mal eine Rote Karte in der Bundesliga erhalten, aber in diesem Spiel sollte Wörns' Platzverweis einen positiven Effekt auf sein Team haben. Am 30. November 1997 empfing Bayer Leverkusen nämlich Bayern München. Bayer hatte den Gegner direkt im Griff, leistete sich aber unerhörte Patzer in der Abwehr. So ging München durch Treffer von Giovane Elber und Carsten Jancker bereits nach 24 Minuten scheinbar uneinholbar mit 2:0 in Front. Als Wörns sich dann in der 33. Minute gegen Jancker auch noch eine Notbremse leistete und er mit Rot vom Platz flog, stellten sich die Zuschauer in der BayArena auf einen ungemütlichen Abend ein.

Im Gegensatz zum späteren WM-Viertelfinale bewirkte Wörns' Platzverweis, dass ein Ruck durch seine Mannschaft ging. Bayer hatte bisher gut gespielt, jedoch seine Chancen nicht genutzt. München fühlte sich sicher mit der Führung und der numerischen Überlegenheit im Rücken und wurde nachlässig. Jan Heintze erzielte nach einem Dribbling noch vor der Pause den Anschlusstreffer, ehe die große Stunde von Ulf Kirsten folgte. Eine Flanke von Stefan Beinlich verwertete der Stürmer mit dem Kopf in der 69. Minute, worauf Bayern mit wütenden Angriffen reagierte. Wie konnte man eine 2:0-Führung in Überzahl herschenken? Für den Rekordmeister kam es noch schlimmer, denn Ulf Kirsten hatte einen Sahnetag erwischt.

Als sich das Stadion schon auf ein Remis eingestellt hatte, wurde aus dem bemerkenswerten Spiel ein außergewöhnliches. In der 90. Minute flankte Hans-Peter Lehnhoff noch mal in den Strafraum, Kirsten ist wieder mit dem Kopf zur Stelle und erzielt die unfassbare Führung. Das 4:2 gelingt ihm eine Minute später nach einem Konter und lässt das Stadion förmlich explodieren. Ein lupenreiner Hattrick. In Unterzahl. Gegen die Bayern. Ein besonderer Abend für die Mannschaft und die Fans, aber speziell für Kirsten, wie er nach Abschluss seiner Laufbahn konstatiert: »Ich habe in der Bundesliga sieben Mal dreifach getroffen, aber das war mein schönster Dreierpack.«[19]

16. GRUND

Weil man einen der höchsten Bundesliga-Siege landete

Fußball vom anderen Stern. Jahrhundertfußball. Bayer mit unbändiger Spielfreude. Die Medien überschlugen sich nach diesem Spiel vom 18. März 2000. Es war der 25. Spieltag und Leverkusen lieferte sich ein heißes Duell um die Meisterschaft mit Bayern München. Zwei Punkte lagen die Mannen von Christoph Daum hinter dem Rekordmeister vor dem Spieltag, doch dieser Rückstand sollte nach dem Aufeinandertreffen von Ulm und Leverkusen nicht mehr bestehen. Bayern kam über ein Remis bei der Berliner Hertha nicht hinaus, während der Konkurrent vom Rhein ebenjenes denkwürdige Match absolvierte.

Der SSV Ulm lag zu diesem Zeitpunkt der Spielzeit noch auf einem respektablen Mittelfeldplatz und war, mit einem Erfolg gegen den HSV im Rücken, couragiert ins Spiel gegen Leverkusen gegangen. An diesem Tag gab es jedoch nichts zu gewinnen für Ulm, denn die Daum-Schützlinge waren an Effektivität nicht zu überbieten. Nach nur 19 Minuten stand es bereits 0:3 durch Tore von Emerson Ferreira da Rosa, Paulo Rink und Ulf Kirsten. Emerson legte vor der Halbzeit noch einen drauf für die Mannschaft, die mit außergewöhnlichen Namen gespickt war. Mit auf dem Platz standen noch Spieler wie Oliver Neuville, Michael Ballack und Zé Roberto. Später kam auch noch Bernd Schneider hinzu, und alle diese Stars trafen. Sie trafen nicht nur, sondern führten Ulm auf einzigartige Weise vor.

Normalerweise schalten Mannschaften bei einer so klaren Führung ab und schaukeln das Spiel nach Hause, doch nicht Leverkusen im Jahr 2000. Die Spielfreude war ihnen ins Gesicht geschrieben. Jeder Angriff wurde mit letzter Entschlossenheit zu Ende geführt. Zum Leidweisen der Ulmer. 9:1 hieß es am Ende für die Werkself. Es war der höchste Bundesliga-Sieg der Leverkusener und einer der höchsten Siege eines Bundesligateams überhaupt. Für Ulm war es der Anfang vom Ende. Nach dem Spieltag sammelten sie nur noch fünf Punkte und stiegen am Ende in Liga 2 ab. Bayer dagegen leistete den Münchnern in der Liga noch weiter harten Widerstand. Widerstand, der erst am letzten Spieltag in Unterhaching gebrochen wurde.

17. GRUND

Weil man den FC Barcelona mit 1:0 in Camp Nou besiegte

Wer heute in Camp Nou antritt, den erwartet ein heißer Tanz. Das knapp 100.000 Zuschauer fassende Stadion ist schon allein aufgrund der Größe des Bauwerks und der Masse der Besucher äußerst einschüchternd. Wenn dann das Heimteam – der FC Barcelona – auch noch in Höchstform spielt, werden die Beine schon mal weich. Diese Erfahrung musste die Werkself erst 2012 machen, als man in der Champions League mit 1:7 in Spanien unterging und Lionel Messi Bernd Leno fünf Tore einschenkte.

Barcelona ist im heimischen Camp Nou eine Klasse für sich. Heute, aber auch damals schon. So denken Bayer-Spieler noch gerne an den 1:0-Sieg aus dem UEFA-Cup-Viertelfinale 1988 zurück, auch wenn die Erwartungen an das Stadion eher enttäuscht wurden, wie der damalige Torhüter Rüdiger Vollborn zu berichten weiß: »Noch ein paar Stufen und jetzt: 100.000 Zuschauer. Bumm, ich erwachte wie aus einem Traum. Ich ging auf den Rasen, schaute ins Rund: leer! Ein paar Schritte auf den Rasen und dann hörte ich aus weiter Ferne ein leises ›Rudi, Rudi‹. Ganz oben im obersten Oberrang standen ein paar Hundert Bayer-Fans.«[20]

Ganze 20.000 Barcelona-Fans kamen an diesem Abend im März 1988 ins Stadion des FC Barcelona. Diese wurden von ihrer Mannschaft bitter enttäuscht, die doch mit Größen wie Torhüter Andoni Zubizarreta, Stürmer Gary Lineker und dem »blonden Engel« Bernd Schuster angetreten waren und als Favorit galten. Das Hinspiel in Leverkusen war 0:0 ausgegangen und so waren die Chancen auf dem Papier zunächst einmal für die Katalanen besser.

Die schlechte Zuschauerresonanz resultierte aus den schlechten Ergebnissen des FC Barcelona aus den letzten Wochen und dem Protest gegen die Handlungen der Führungsriege im Verein. Bayer ließ sich davon nicht beeindrucken und ging äußerst konzentriert in dieses Spiel. »Wir erspielten uns die eine oder andere kleine Torchance und ließen keine zu. An gefährliche Situationen für mein Tor kann ich mich in der ersten Halbzeit nicht erinnern«, so Rüdiger Vollborn, und es kam noch besser. In der 59. Minute schickte Herbert Waas Christian Schreier mit einem langen Steilpass auf die Reise, der in den Strafraum des FC Barcelona eindrang, und versuchte, an Zubizarreta vorbeizukommen. Dieser wusste sich nur mit einem Foul zu helfen, doch statt eines Elfmeters lässt der Schiedsrichter weiterspielen, sodass Tita den freiliegenden Ball in den Maschen des Tores versenken kann.

Auch nach der Führung Leverkusens kommt Barcelona nicht wirklich ins Spiel. In der 85. Minute verschießt ausgerechnet Schuster einen Foulelfmeter. Es bleibt beim 1:0 für Bayer, und die Werkself zieht etwas überraschend ins Halbfinale des UEFA-Cups ein. »Nach dem Spiel in der Kabine war es unglaublich. Wir konnten es irgendwie nicht fassen. Unser Präsi umarmte jeden Spieler einzeln und wir fingen an zu singen. Die Nacht verbrachten wir noch in Barcelona an der Hotelbar – mit Bier und Zigarren«[21], berichtet Vollborn von den Szenen nach dem Spiel. Noch heute blicken die Bayer-Profis stolz auf dieses Spiel zurück. Ein Sieg in Camp Nou ist heute wie damals etwas Besonderes.

18. GRUND

Weil man auch im Müngersdorfer Stadion noch gegen den FC Barcelona bestand

Das UEFA-Cup-Sieger-Jahr war ein kurioses. Nicht nur, dass es erstaunlich genug war, dass man erstmals einen internationalen Pokal gewann – nein, auch der Weg dorthin hatte einige außergewöhnliche Geschichten in petto. So wurde das Viertelfinal-Hinspiel im Müngersdorfer Stadion ausgetragen. Beim Erzfeind aus Köln. Das hatte natürlich einen einfachen Grund, dennoch erzeugte die Verlegung auch bei eingefleischten Fans Kopfschütteln. Das Ulrich-Haberland-Stadion wurde zum Zeitpunkt des Viertelfinals umgebaut, und Köln bot sich für die Verantwortlichen aufgrund der Nähe einfach an. »Da wir ja eh ausscheiden, machen wir wenigstens große Kasse«[22], so die Einstellung damals, erinnert sich Rüdiger Vollborn heute zum Spiel beim Hassgegner aus Köln.

Doch es kam anders. Barcelona galt zwar als klarer Favorit, doch so richtig rund lief es bei den Spaniern in dieser Saison nicht. Gespickt mit Stars wie Lineker oder Schuster, wollte Bayer dennoch vorsichtigen Optimismus walten lassen. »Eigentlich hatten wir keine Chance, aber die wollten wir nutzen«[23], berichtet Vollborn schmunzelnd. Wie modern Barça schon damals spielte, zeigte Vollborn auch noch mal auf, wies jedoch auf ihre Schwächen hin: »Sie spielten ohne Libero, also wie heute üblich schon mit Viererkette, waren allerdings nicht die Schnellsten, und wir erhofften uns schon, den einen oder anderen Konter fahren zu können«[24] und auch im Mittelfeld gab es schon den modernen Fußball. »Bestehend aus drei spanischen Nationalspielern als Abräumer und Bernd Schuster als Spielmacher«[25], so Vollborn – ganz ähnlich dem Spielsystem der Leverkusener in der Saison 2012/2013. Das Spiel selbst war dann eher unspektakulär. Vor 41.000 Zuschauern im Feindesland wollte keine Mannschaft einen Fehler machen. »Wir müssen zwar den Barça-Beton knacken, aber wir dürfen keineswegs unsere Abwehr entblößen«[26], gab Trainer Erich Ribbeck vor dem Spiel als Marschroute aus, und so kam es dann auch. Bayer hatte einige wenige Chancen, Barça noch weniger. Endstand 0:0. Respektabel für Leverkusen, enttäuschend für die Spanier. Für die kam es noch schlimmer, denn zu Hause verloren sie 0:1 gegen Leverkusen, die so ins Halbfinale einzogen und einen Schritt weitergekommen waren in Richtung UEFA-Pokal.

19. GRUND

Weil Bayer-Fans eines der größten Spiele des Fenômenos erleben durften

Fenômeno. Das Phänomen. Diesen Namen erarbeitete sich Ronaldo Luís Nazário de Lima, kurz Ronaldo, schon früh in seiner Karriere. Der brasilianische Wunderstürmer galt als einer der größten Fußballer des Landes, war dreifacher Weltfußballer und zweifacher Weltmeister 1994 und 2002 und war bei fast jedem Turnier, an dem er teilnahm, in nahezu jeder Liga, in der er spielte, Torschützenkönig. Selbst ein Lionel Messi dürfte respektvoll auf den Trophäenschrank des Brasilianers blicken. Seine beispiellose Karriere begann 1994 in Europa beim PSV Eindhoven, der umgerechnet 4,9 Millionen Euro an Ronaldos Verein Cruzeiro EC überwies. Dies war die höchste Summe, die bis dahin je für einen Brasilianer im Profifußball bezahlt worden war. Und sie sollten sich rentieren.

In der holländischen Liga erzielte Ronaldo in 57 Spielen 54 Tore und war an einem beeindruckendsten UEFA-Cup-Spiele der letzten 20 Jahre beteiligt. Gerade frisch in den Niederlanden angekommen, bestritt Ronaldo sein erstes Spiel für den PSV Eindhoven bei Bayer Leverkusen in der ersten Runde des UEFA-Pokals. Der gerade 17 Jahre alte Stürmer galt als großes Talent, aber wozu erfähig war, bekam man in diesem großartigen Spiel zu sehen. Leverkusen ging bereits in der 6. Minute mit 1:0 in Führung. Es war das erste Tor von Ulf Kirsten an diesem Abend, der später noch einen Hattrick komplettieren sollte, doch hängen blieb vor allem die Leistung Ronaldos. Der holte fünf Minuten später einen Elfmeter heraus, den er selbst verwandelte.

In der Folgezeit war er an jeder großen Szene Eindhovens beteiligt. Ronaldo dribbelte, passte und vor allem zauberte. In einer Szene holt er sich den Ball an der Mittellinie ab und absolviert danach den Leverkusener Abwehrparcours mit einer Leichtigkeit, die man selten zuvor gesehen hatte. Dennoch schossen zunächst die Werkskicker die Tore. Tom Dooley und zwei Tore von Ulf Kirsten schraubten das Ergebnis auf 4:1 noch vor der Halbzeit in die Höhe.

Wer nun glaubte, dass das Spiel entschieden sei, der hatte Ronaldo nicht auf der Rechnung. Der Brasilianer verkürzte in der 45. Minute auf 4:2 und in der 67. sogar auf 4:3. Trainer Stepanović hatte zu diesem Zeitpunkt die Faxen dicke und wechselte den völlig überforderten Jens Melzig aus. Der Bewacher von Ronaldo dürfte in dieser Nacht keinen Schlaf gefunden haben. Es übernahm Christian Wörns, der dann wenigstens Ronaldo so weit in Schach hielt, dass er kein Tor mehr erzielte. Stattdessen erhöhte Schuster noch auf 5:3, ehe Luc Nilis kurz vor Toresschluss den letzten Treffer zum 5:4 erzielte. Es war die Geburtsstunde des großen Ronaldo. Wer dieses Spiel gesehen hatte, der wusste, dass es das Fenômeno noch weit bringen würde.

Das Rückspiel endete übrigens 0:0. Mit Ronaldo. Leverkusen zog in die nächste Runde ein und scheiterte erst im Halbfinale am AC Parma. Ronaldo dürfte es verschmerzt haben.

20. GRUND

Weil Leverkusen-Fans ein fantastisches Torwart-Debüt erleben durften

Hans-Jörg Butt hatte in Leverkusen immer einen zweifelhaften Status. Eine gewisse Beliebtheit errang er dadurch, dass er Elfmeter sicher verwandelte. Auf der anderen Seite war er – in den Augen der Fans – immer mal für einen Fehlgriff gut. Aber nicht nur die Anhänger haderten mit Butt, auch in der Führungsetage war man nicht immer vollends mit dem Torhüter zufrieden. Reiner Calmund äußerte, dass es wohl sein Fehler gewesen sei, keinen Weltklassetorhüter vom Format eines Oliver Kahn verpflichtet zu haben.

»Dann wären wir auch mal Meister geworden«[27], so der ehemalige Manager der Bayertruppe, was man durchaus als Kritik an dem 2001 verpflichteten Keeper verstehen kann. Dennoch spielte Butt sechs Jahre in Leverkusen und war der Dauerbrenner in der Startelf. Bis zu seiner letzten Spielzeit im Jahr 2007 verpasste er gerade einmal ein Spiel.

Alles änderte sich am 21. Spieltag seiner letzten Saison gegen die Eintracht aus Frankfurt. In der 28. Minute war der Eintracht-Spieler Naohiro Takahara alleine auf Butt zugestürmt, der den Japaner sowohl unsanft zu Fall brachte, als auch den Ball außerhalb des Strafraums mit der Hand berührte. Schiedsrichter Michael Kempter blieb nichts anderes übrig, als Butt die Rote Karte zu zeigen. Es war so etwas wie ein Entlassungsschreiben für den Torhüter bei und für den Verein, der Startschuss in eine neue Ära auf der Position des Schlussmanns.

Im nächsten Spiel gegen Hannover 96 stellte Trainer Michael Skibbe aufgrund der Sperre Butts zunächst noch Benedikt Fernandez auf, doch schon in der Partie gegen Schalke sollte René Adler zwischen die Pfosten. Adler galt als großes Talent, war aber zuletzt verletzt gewesen, und sein Einsatz galt gleichzeitig als Risiko und als Chance. Der 22-Jährige sah es als Chance, die er in Weltklassemanier nutzte. In der Arena auf Schalke sicherte Adler den Mannschaftskollegen einen 1:0-Sieg. Es war ein Spiel, das alle Qualitäten René Adlers in unglaublicher Weise repräsentierte. Adler strahlte trotz seines jungen Alters eine fantastische Ruhe aus, er machte Großchancen im Minutentakt zunichte, faustete, hechtete, fischte Bälle aus dem Winkel und zeigte so, dass er mal ein Großer werden würde. Die gesammelte Presse attestierte Adler eine Weltklasseleistung.

Danach begann in Leverkusen die Torwartdiskussion. Aufgrund der Sperre musste Adler zunächst so oder so zwischen die Pfosten, doch seine Leistungen waren auch in der Folgezeit so herausragend, dass Skibbe kaum eine andere Wahl hatte, als Adler auch nach

Ablauf von Butts Sperre wieder aufzustellen. Für Butt eine bittere Erfahrung, die immerhin mit einem Abschiedsspiel am 34. Spieltag und einem 2:1-Sieg gegen Dortmund endete. Für Adler war es der Beginn einer außergewöhnlichen Karriere, die zum derzeitigen Zeitpunkt noch nicht zu Ende ist.

21. GRUND

Weil es das Derby gegen Köln gibt

Kaum etwas ist schöner als ein ordentliches Derby gegen den Intimfeind aus Köln. Für Leverkusener bedeutet das, dass man entweder auf die andere Rheinseite fährt oder der ungeliebte Gast in die BayArena kommt und dann hoffentlich als Kanonenfutter herhält. Schließlich gibt es ja nichts Schlimmeres, als ein Derby zu verlieren. Natürlich gibt es auch nur dieses eine Derby, und wer versucht, die Spiele gegen Borussia Mönchengladbach als kleines Derby zu verkaufen, möge geteert und gevierteilt werden, denn es gibt nur das eine.

Dieses eine Derby ist für Leverkusen-Anhänger das Spiel des Jahres. Schaut man in die Annalen des Aufeinandertreffens zwischen Köln und Bayer, so ist das erste Spiel zwischen den beiden Kontrahenten im Jahr 1962 verbucht. Noch vor der Schaffung der 1. Bundesliga trafen sich beide Vereine zum ersten Mal in der Oberliga West am 14. Oktober 1962 in Köln. 0:0 endete ein eher unaufgeregtes Spiel zwischen dem Tabellenersten aus Köln und dem Herausforderer aus Leverkusen von der anderen Rheinseite.

Ganz anders lief da schon das Rückspiel, das Bayer mit 5:4 für sich entschied. Die Kölner hatten vor 10.000 Zuschauern die zwischenzeitliche 4:1-Führung der Werkself ausgeglichen, doch zwei Minuten vor Ende der Partie sicherte der talentierte Flügelstürmer Werner Görts den ersten Sieg einer Mannschaft im Derby mit seinem 5:4-Treffer. Dennoch wurde Köln Meister in der Oberliga Westfalen und durfte auch deshalb in der nächsten Spielzeit in der neu gegründeten Bundesliga an den Start gehen.

Erst 1979, als auch Bayer endlich in das Fußballoberhaus einzog, spielten die beiden Kontrahenten regelmäßig gegeneinander, meist mit dem besseren Ende für den Werksklub. 56-mal trafen die beiden Vereine in der höchsten deutschen Spielklasse aufeinander. 23-mal siegte Bayer, nur 14-mal Köln, hinzu kommen 22 Remis. Zwischen 1997 und 2011 blieb Bayer gar ungeschlagen. Im DFB-Pokal kommt ein 3:1-Sieg nach Verlängerung aus dem legendären Vizekusen-Jahr hinzu. 2002 traf man im Halbfinale aufeinander, Leverkusen siegte, um dann im Finale gegen Schalke zu verlieren.

Neben den Spielen gegeneinander gibt es auch immer wieder schöne Geschichten, die sich um die Rivalität der beiden Klubs ranken. In der Saison 1996/1997 beispielsweise waren sowohl Köln als auch Leverkusen vom Abstieg bedroht. Die Werkself musste am letzten Spieltag gegen Kaiserslautern punkten, was aber auch gleichbedeutend mit der definitiven Rettung des FCs gewesen wäre. Reiner Calmund frohlockte schon: »Die schönste Überschrift, die ich mir in der Zeitung denken kann, auch wenn es den Kölnern nicht gefällt, wäre: Bayer Leverkusen rettet sich und den 1. FC Köln.«[28] Doch am Ende siegte Köln gegen Rostock und rettete sich ganz alleine.

Ebenjener Reiner Calmund holte die Sturmlegende Ulf Kirsten Anfang der Neunziger nach Leverkusen. Dies wäre aber beinahe fehlgeschlagen, denn Kölns Co-Trainer Roland Koch rief einst bei Kirsten an, um ihn von Dynamo Dresden wegzulocken. Koch vergaß jedoch, seine Telefonnummer zu hinterlassen, Calmund schlug zu und Kirsten wurde eben zur Leverkusener und nicht zur Kölner Legende.

KAPITEL 3

DER MANN AN DER SEITENLINIE

TRAINER IN LEVERKUSEN

22. GRUND

Weil Klaus Toppmöller wenigstens einen Titel 2002 holte

Jeder weiß, was 2002 passierte. Man müsste es hier gar nicht aufschreiben. 2002 ist das Jahr des Versagens, der Trauer und des Unmöglichen. Aber auch der Schadenfreude. Wie schafft es ein Team, das eine Saison lang so gut gespielt hat, auf unfassbare Weise die Meisterschaft zu verlieren, im Pokalfinale unterzugehen und in einem Champions-League-Finale gegen den Favoriten das bessere Team zu sein und doch zu verlieren? Eine Frage, die nie beantwortet werden wird.

Zurück bleibt Vizekusen und ein Trainer, der es tatsächlich geschafft hat, drei Titel zu verspielen, aber immerhin doch einen Titel unter Dach und Fach zu bringen. Klaus Toppmöller wurde im Jahr 2002 Trainer des Jahres. Für ihn war es nur ein schwacher Trost, doch auch eine Auszeichnung. Mit ein paar Jahren Abstand ärgert er sich zwar immer noch über die zweiten Plätze und die vergebenen Chancen, doch sieht er auch seine Leistung, die er mit dem Team vollbracht hat. »Zweiter, nur Zweiter. Wenn ich das immer höre«, bricht es aus ihm heraus, »Ich brauche keine Orden. Ich wollte schönen Fußball spielen. Und das ist uns gelungen. Nur in Deutschland habe ich dafür dann einen draufbekommen.«[29]

Die »Trainer des Jahres«-Auszeichnung wurde 2002 erstmals verliehen. Es folgen Namen wie Felix Magath, Ottmar Hitzfeld oder Jürgen Klopp. Nur ein einziges Mal wurde der Preis noch an einen Trainer vergeben, der Zweiter in der Bundesliga wurde. Felix Magath im Jahr darauf. Übrigens sind beide Übungsleiter heute nicht mehr aktiv. Toppmöller wurde nur neun Monate nach dem Champions-League-Finale in Glasgow entlassen. Nach Engagements in Frankfurt und Hamburg sowie als Nationaltrainer von Georgien lebt er heute in Rivenich in der Nähe von Trier. »Angebote gibt es natürlich. Ich habe zuletzt Partizan Belgrad abgesagt. Auch aus der

Bundesliga war Interesse da. Aber wenn du mal bei Leverkusen, dem HSV und Frankfurt warst, gehst du halt nicht mehr zu jedem Klub«[30], erklärt Toppmöller die Entscheidung, vorerst nicht mehr an der Linie zu stehen. Für Leverkusener Fans bleibt Toppmöller immer der Trainer einer unglaublichen Mannschaft, die unvergessen bleibt. Trotz Vizekusen.

23. GRUND

Weil Jupp Heynckes in Leverkusen wieder zu einem respektablen Trainer wurde

Josef »Jupp« Heynckes war immer ein sensibler Trainer. Sein Umgang mit Menschen war ein spezieller, und nicht überall kam er gut an. Das führte oft zu Problemen. Mit dem Vorstand, mit den Spielern oder mit den Fans. Er war immer ein Mann der klaren Worte, und das schmeckte nicht jedem. Nach einer ersten Station 1979 als bis dato jüngster Coach der Bundesliga-Geschichte bei seinem Klub, den Fohlen aus Mönchengladbach, ging er titellos zu den Bayern aus München. Dort sammelte er erste Meriten in Form von Meisterschaften. 1989 und 1990 fuhr er jeweils den 1. Platz in der Bundesliga ein, 1991 wurde er Zweiter, nach einer Pleite gegen die Aufsteiger der Stuttgarter Kickers wurde Heynckes in der Folgespielzeit von Uli Hoeneß gefeuert. Dieser Tage noch bezeichnete der Präsident des FC Bayern den Rauswurf als Fehler.

In den folgenden Jahren wurde Heynckes nie hundertprozentig glücklich mit seinen Teams. Beim Folgeengagement in Bilbao gelang noch die UEFA-Cup-Qualifikation. Seine Verpflichtung in Frankfurt 1994 wird dagegen heute noch äußerst negativ von den Anhängern der Eintracht gesehen. Nachdem sich die Frankfurter im oberen Tabellendrittel etabliert hatten, folgte unter Heynckes der Absturz. In nur neun Monaten brachte er die Mannschaft gegen sich auf und wurde letztlich gefeuert. Legendär bleibt der Disput mit Anthony Yeboah, Jay-Jay Okocha und Maurizio Gaudino, die sich alle unter fadenscheinigen Gründen für den 16. Spieltag abgemeldet hatten, nachdem Heynckes die Spieler vorher aus disziplinarischen Maßnahmen zum Waldlauf geschickt hatte.

1995 unterschrieb der Trainer dann bei CD Teneriffa und 1997 bei Real Madrid. Dort schlug ihm die Skepsis der Medien entgegen, die sich verstärkte durch das Pokalaus gegen einen Zweitligisten und lediglich einen vierten Rang in der Liga. Heynckes holte zwar die Champions League, doch zu diesem Zeitpunkt hatte Real-Präsident Lorenzo Sanz bereits seine Kündigung vorbereitet.

Vorgeschoben wurden der vierte Rang und uninspirierter Fußball. Dieser sollte ihm auch auf Schalke zum Verhängnis werden. Rudi Assauer resümierte nach seiner Anstellung bei den Knappen: »Der Jupp ist ein Fußballer der alten Schule, aber wir haben 2004.«[31] Nach 51 Spielen packte er in Gelsenkirchen die Koffer. Nach einer gesundheitsbedingten Auszeit folgte ein vorerst letztes Engagement 2006 nochmals in Gladbach, doch auch dieses endete mit der vorzeitigen Entlassung zu Beginn der Rückrunde. Einige Fans hatten nach nur fünf gewonnenen Spielen gar mit Mordanschlägen gedroht. Danach verschwand er in der Versenkung und ward bis 2009 nicht gesehen.

Ein Anruf von Uli Hoeneß reaktivierte den inzwischen 64-jährigen Coach für fünf Spiele in München, nachdem Jürgen Klinsmann aus München vertrieben worden war. Was zunächst nach einer Kurzzeitreaktivierung für die Bundesliga aussah, endete aber mit einem Vollzeitjob in Leverkusen. Der als schwierig verschriene Trainer erschien nach langer Zeit wieder als top Trainer. Er integrierte junge Spieler ins Team, zähmte Heißsporn Arturo Vidal und führte Leverkusen nach Jahren wieder in den internationalen Pokal. In der ersten 24 Spielen blieb Heynckes mit Bayer unbesiegt und stellte damit einen neuen Startrekord in der Bundesliga auf. In seiner zweiten Saison bei Bayer erreichten die Rheinländer Platz 2, ehe er nach München wechselte. Wäre sein Engagement ähnlich unerfreulich gelaufen wie seine letzten Bundesligastationen als Trainer, wäre es wohl nie zum legendären Triple 2013 bei Bayern München mit Meisterschaft, Pokal und Champions-League-Sieg gekommen. Jetzt kann Heynckes zufrieden und glücklich seinen Ruhestand genießen.

24. GRUND

Weil man in Leverkusen über Glasscherben laufen kann, ohne sich zu schneiden

Die Amtszeit von Trainer Christoph Daum in Leverkusen war wohl eine der spektakulärsten und erfolgreichsten der Vereinsgeschichte. Daum kam im Sommer 1996 an die Dhünn und wurden nach dem Fastabstieg in der Vorsaison auf Anhieb Vizemeister. Auch die folgenden Jahre waren von Erfolgen geprägt. Zwei weitere Vizemeisterschaften und ein 3. Platz kamen bis zum Jahr 2000 hinzu. Einzig die Meisterschaft blieb Daum verwehrt. Vor allem im Kampf mit dem alten Erzfeind aus Kölner Zeiten – dem FC Bayern München – zog Daum immer wieder den Kürzeren.

Auch an seiner Entlassung waren die Bajuwaren beteiligt. Manager Uli Hoeneß hatte im *Aktuellen Sportstudio* des ZDF geäußert, dass der DFB, wo Daum als Teamchef nach der nächsten Spielzeit antreten sollte, nicht Antidrogenkampagnen starten und dann Christoph Daum als Übungsleiter einsetzen könne. Der »verschnupfte Daum« (O-Ton Hoeneß)[32] ließ sich dies nicht gefallen, reichte eine Verleumdungsklage gegen den Bayern-Manager ein und beteuerte mehrfach seine Unschuld. Öffentlichkeit und Medien blieben jedoch skeptisch, sodass Daum eine Haarprobe abgab, um seine Unschuld zu beteuern. Er habe ein absolut reines Gewissen, so der Trainer. Das Ergebnis ist bekannt. Daum wurde Kokainkonsum nachgewiesen und in Leverkusen entlassen. Sein Vorvertrag mit dem DFB wurde null und nichtig. Daum flüchtete nach Florida und arbeitete erst 2001 wieder als Trainer von Beşiktaş Istanbul in der Türkei.

Von Daum bleiben aber nicht nur die Kokainaffäre und die guten Abschlussplatzierungen in der Bundesliga in Leverkusen übrig. Berühmt-berüchtigt war der Trainer auch für seine Motivationskünste. In Köln nagelte er einst 40.000 Deutsche Mark an die Kabinentür. »Mit dem physischen Begreifen der 40 Tausender bekam die Aussage ›Heute geht es um 40.000,- Meisterschaftsprämie‹ einen Realitätsgehalt, der bei einigen Spielern kurzfristig zu einer Orientierungsreaktion führte«[33], so Daum, der den anschließenden Auswärtssieg aber nicht darauf zurückführen wollte.

Von ebenso großer Berühmtheit ist der Scherbenlauf von Leverkusen. Nach dem Training hatte Daum einen Scherbenparcours aufgebaut und die Spieler gefragt, wer denn in der Lage dazu sei, diesen zu absolvieren. Alle Spieler verneinten, worauf es Daum gerade angelegt hatte. Der Trainer ging wie selbstverständlich über die Scherben und schnitt sich nicht. Die Kraft der Gedanken habe das möglich gemacht, so Daum. »30 Jahre hieß es in medizinischen Gutachten, man könne die Meile nicht unter vier Minuten laufen. Dann kam Roger Bannister und hat's einfach gemacht. Das ist der John-Wayne-Effekt: Weil einer die Schallmauer durchbrochen hat, ist es im nächsten Jahr 156 Leuten gelungen, unter vier Minuten zu bleiben«[34], erklärte Daum in einem Interview, warum er zu so ungewöhnlichen Methoden griff.

Viele Menschen seien sich ihrer gedanklichen Kräfte gar nicht bewusst. Wenn sie sich dieser Kraft erst einmal bewusst sind, kommt auch die körperliche Reaktion. In Leverkusen klappte es trotzdem nicht mit dem ganz großen Wurf – aber immerhin konnte man mit nackten Füßen über Glasscherben laufen.

25. GRUND

Weil Leverkusen mit drei Trainern den Klassenerhalt sicherte

Reiner Calmund ahnte zu Beginn der Spielzeit 2002/2003 schon, dass dies ein hartes Jahr für die Leverkusener Elf werden würde. Nach den drei 2. Plätzen der Vorsaison musste unter Trainer Klaus Toppmöller nun bestätigt werden, dass man zu Recht dort oben gestanden hatte. Auf der anderen Seite musste die Mannschaft die herbe Enttäuschung der verlorenen Titel verarbeiten. Eine schwierige Aufgabe für Trainer Toppmöller, der zusätzlich die Abgänge von Michael Ballack und Zé Roberto zu verschmerzen hatte. So verwunderte Calmunds Aussage wenig, dass er sofort für drei erneute 2. Plätze unterschreiben würde.

Es kam, wie es kommen musste. Es wurde eine richtige Pleitensaison, die durch Trainerwechsel, Fanaufstände und Kreuzfeuer im Vorstand in die Geschichtsbücher einging. Schon zu Beginn der Saison lief nichts richtig zusammen im Leverkusener Spiel, und nach sechs Spieltagen fand man sich auf Platz 15 der Bundesliga-Tabelle wieder. Ein befriedigender 2:1-Sieg gegen Bayern München in Unterzahl gegen die Exspieler Ballack und Zé Roberto führte zu einem Zwischenhoch, doch mehr als ein Mittelfeldplatz sprang zum Ende der Hinrunde nicht heraus.

Die Rückrunde begann katastrophal mit einem 0:3 gegen den Tabellenletzten Energie Cottbus, und auch die nächsten Spiele gegen Dortmund, Bochum und Rostock gingen allesamt verloren. Der Vorstand zog die Reißleine und entließ nur neun Monate nach dem Champions-League-Finale von Glasgow den Trainer des Jahres 2002 Klaus Toppmöller. Unglückliche Umstände wie mehrmonatige Verletzungen von Leistungsträgern wie Jens Nowotny oder Lúcio sowie Formkrisen von Spielern wie Oliver Neuville, Yıldıray Baştürk, Diego Placente, Bernd Schneider oder Dimitar Berbatov in Kombination mit unglücklichen Entscheidungen Toppmöllers führten zu seiner Demission. Ihn ersetzte Ex-Bayer-Profi Thomas Hörster, der jedoch nie zuvor ein Bundesligateam gecoacht hatte.

Diese Unerfahrenheit machte sich im Laufe der Spielzeit immer wieder bemerkbar. Am 28. Spieltag – nach nur sieben Spielen und gerade mal einem Sieg – bat er den Vorstand um die Auflösung seines Vertrags. »Falls es eine Möglichkeit gibt, einen anderen Verantwortlichen zu holen«[35], so Hörster. Die gab es zunächst nicht und Hörster musste das Team weiter betreuen. Auch Fanproteste gegen den Trainer der Mannschaft nutzten nichts. Erst am 32. Spieltag erlöste man den Trainer, befeuert von Hörsters Aussagen nach der 1:4-Niederlage beim Hamburger Sportverein. »Nach dieser Leistung habe ich die Hoffnung aufgegeben. Es fehlte an allem«[36], so die wenig hoffnungsvolle Äußerung des Übungsleiters, noch einmal von einem Abstiegsplatz zu rücken. Gerade mal zwei Siege waren ihm geglückt, und der 16. Tabellenplatz war alles andere, als sich die Verantwortlichen von Hörster versprochen hatten.

Als dritter und letzter Trainer dieser Seuchensaison musste Klaus Augenthaler an die Seitenlinie rücken. Augenthaler sollte eh für die neue Saison verpflichtet werden und musste nun in den letzten beiden Spielen den Klassenerhalt mit der Werkself sichern, was ihm auch gelang. Nach Siegen über 1860 München und Augenthalers Ex-Klub Nürnberg, den er noch in dieser Saison betreut hatte, standen die Leverkusener am Ende über dem Strich auf Rang 15, der den Verbleib in Liga 1 bedeutete. Drei Trainer waren dafür nötig gewesen.

26. GRUND

Weil auch Zirkusdirektoren in Leverkusen Erfolg haben

»Wir brauchen einen Zirkusdirektor!«[37] Mit diesen Worten stieg Reiner Calmund 1993 in die Verhandlungen mit Dragoslav Stepanović ein. Stepanović, der so was wie ein bunter Hund mit knallig-grellen Krawatten, Zigarillo im Mundwinkel und markigen Sprüchen war, galt als einer der talentiertesten Übungsleiter Anfang der Neunziger in der Liga. Im Vorjahr war Stepanović am letzten Spieltag mit der Frankfurter Eintracht gescheitert und hatte die Meisterschaft in Rostock verspielt, nachdem man Monate an der Tabellenspitze lag und Fußball aus dem Jahr 2000 zelebriert hatte. Legendär bleibt sein Satz auf der Pressekonferenz nach der verspielten Meisterschaft: »Lebbe geht weider«.

1993 – im Jahr danach – lief es für Stepanović dann mehr schlecht als recht in Hessen, zudem wollten ihm die Verantwortlichen der Eintracht keinen Zweijahresvertrag geben, sodass der Serbe zumindest offen für Angebote anderer Vereine war. Genau dies wusste der Manager-Fuchs Calmund und bot Stepanović den gewünschten Vertrag an. Ehefrau Jelena erfuhr dann letztlich aus der Zeitung von der Vertragsunterzeichnung ihres Mannes in Leverkusen. Sie wäre gerne in Frankfurt geblieben und »Stepi« sorgte sich vor der Reaktion seiner Frau.

Stepanovićs Vertrag sollte zu Beginn der Saison 1993/1994 beginnen, doch es kam anders. Leverkusen drohte gerade unter Reinhard Saftig das Verpassen der internationalen Ränge in der Bundesliga. Und nach dem DFB-Pokal-Halbfinal-Aus gegen Leverkusen und Stepanovićs Rücktritt in Frankfurt entließ man schon sehr bald Saftig bei Bayer und verpflichtete »Stepi« schon eher als gedacht. Mit Erfolg, denn Stepanović führte die Werkself in den UEFA-Cup und sicherte auch noch den DFB-Pokal gegen die Hertha-Amateure.

In der Folgesaison musste er dann tatsächlich den Job übernehmen, den Calmund zu Beginn der Vertragsverhandlungen »angedroht« hatte: den des Zirkusdirektoren. Leverkusen hatte den Altstar Bernd Schuster verpflichtet, welcher sich so gar nicht mit Sturmlegende Ulf Kirsten vertrug. Es kam zu abstrusen Grabenkämpfen, die Stepanović managen musste. Schuster monierte vor allem Kirstens mangelhafte Technik, der seine grandiosen 50-Meter-Pässe in den Lauf nicht annehmen konnte. Kirsten wetterte über Schusters Arroganz. Der Trainer meisterte aber die Gratwanderung mit seinen anspruchsvollen Spielern und führte Leverkusen in seiner ersten Saison auf den dritten Rang der Bundesliga-Tabelle. So gut hatte die Werkself noch nie nach Abschluss der Saison dagestanden.

Stepanović zeichnete sich all die Jahre durch seine unorthodoxen Methoden und seinen Willen, sich weiterzubilden, aus, wovon man natürlich auch bei Bayer profitierte. Er studierte nächtelang Videokassetten mit Spielen ausländischer Vereine. Gefiel ihm das Kick and Rush von Liverpool an einem Abend, wurde es direkt am nächsten Tag ausprobiert, genauso wenn er Barcelona mit Kurzpassspiel und drei Stürmern hatte spielen sehen. »Ich glaube, dass es niemanden gibt, der so viel Fußball auf Videokassetten gesehen hat wie er. Er ist mal nach Thailand gefahren, da hatte er einen großen Koffer überwiegend nur mit Videos dabei«[38], erinnert sich Reiner Calmund. Es gelang ihm immer wieder, junge Spieler in das Profiteam einzubinden, und im Trainingslager ließ er einst Frankfurt-Spieler im Hochsommer verpackt in Skijacken Dünen rauf und runter joggen.

Für seine zweite Saison holte sich Stepanović einen weiteren Unruheherd in die Mannschaft. Wochenlang bedrängte er Calmund, dass er Rudi Völler von Olympique Marseille verpflichten sollte, und nach viel Murren, weil »Tante Käthe« so teuer sei, gab der Manager irgendwann nach und holte den Stürmer an die Dhünn. Völler war es am Ende, der seinen Anteil an Stepanovićs Entlassung in Leverkusen hatte, denn Völler entwickelte sich neben Schuster und Kirsten zum Leitwolf im Team. Dabei kam es immer wieder zu Auseinandersetzungen vor allem zwischen Schuster und Völler. Als dann im UEFA-Cup-Halbfinale in Parma, Stepanović zu Gunsten der Taktik ausgerechnet Völler auf der Bank schmoren ließ, unterschrieb er seine Entlassung. »Dann spiel doch gleich mit zwei Torhütern«[39], schrie Völler Stepanović entgegen.

Völler genoss hohes Ansehen in Italien. Die Presse wartete auf den Einsatz des Nationalstürmers, und viele Freunde und Bekannte saßen an diesem Tag auf der Tribüne. Bayer verlor 1:2 und schied nach einem 0:3 daheim aus dem UEFA-Pokal aus. Völler geigte Calmund und Co. seine Meinung, und da es in der Bundesliga ebenfalls nicht perfekt für Bayer und Stepanović lief, packte der Serbe am 7. April 1995 seine Koffer in Leverkusen und machte Platz für Erich Ribbeck. Calmund gestand später ein, dass die Entlassung wohl ein Fehler war: »Wir waren zu weich, haben nur auf die Spieler gehört«[40], so Calmund, der aber noch heute ein freundschaftliches Verhältnis zu Stepanović pflegt. Schließlich war es der Mann mit den grellen Krawatten und den Zigarillos, der Bayer erstmals seine Fühler nach der Meisterschaft ausstrecken ließ.

27. GRUND

Weil man in Leverkusen auch nicht besser mit dem General zurechtkam als in Köln

Vom holländischen Trainer Marinus Jacobus Hendricus Michels, besser bekannt als Rinus Michels, sind einige wichtige Zitate überliefert. »Spitzenfußball ist wie Krieg. Bist du zu lieb, bist du verloren«[41], so eine seiner unvergessenen Äußerungen, die mit seiner berühmten Taktik vom »Totalen Fußball« zusammenhängt. Ende der Sechziger, Anfang der Siebziger praktizierte er diese revolutionäre Spielform bei Ajax Amsterdam und gewann viermal die niederländische Meisterschaft und errang dreimal den Pokalsieg. 1971 gelang ihm mit Ajax sogar der Sieg im Pokal der Landesmeister.

Michels Taktik bestand aus der Auflösung der meist sehr starren Positionen der Spieler auf dem Platz. Bei Michels wurde viel rochiert, sodass sich Außenverteidiger beispielsweise mit in die Angriffe einschalteten und Abwehrspieler in der Verteidigung aushalfen. Dieses System etablierte er auch in der holländischen Nationalmannschaft, die er 1974 zum 2. Platz bei der Weltmeisterschaft in Deutschland führte. Holland galt eigentlich als Favorit und spielstärkste Mannschaft des Turniers, scheiterte jedoch am Gastgeber im Finale.

Der Coach wechselte nach seiner Zeit bei der Nationalmannschaft wieder zu Ajax, danach folgten Engagements beim FC Barcelona und den Los Angeles Aztechs, ehe es dann auch nach Deutschland in die Bundesliga ging. Der 1. FC Köln sollte Michels Arbeitgeber ab der Saison 1980/1981 sein, besonders glücklich wurde er dort jedoch trotz einiger Erfolge nicht. Der Holländer galt immer als harter Hund, der wenig Kompromisse machte. In Köln brachte ihm das wenig Sympathien entgegen. Toni Schuhmacher, einer der wenigen Michels-Freunde in Köln, resümierte im Nachhinein: »Das Training war eine einzige Quälerei: Gymnastik, Laufen bis zur Erschöpfung, ›angefeuert‹ durch beleidigende Bemerkungen wie ›Kriecher‹, ›Flaschen‹, ›Idioten‹, ›Dilettanten‹« und ergänzt, »meine Freunde Pierre Littbarski und Klaus Allofs waren zutiefst gekränkt, glühend vor Wut, fühlten sich wie Sklaven behandelt. Es drohte ein regelrechter Aufstand. Rinus Michels konnte nie nett sein.«[42]

Der Trainer gewann zwar den DFB-Pokal mit den Kölnern, jedoch weinte niemand ihm eine Träne nach, als er 1983 den Verein verließ. Es ist bis heute Kölns letzter Titel. 1984 heuerte der General wieder beim Verband an und holte 1988 den Europameisterschaftstitel auf deutschen Boden. Mit diesem Erfolg im Rücken ging er nach Leverkusen. Für ihn wohl eine der enttäuschendsten Stationen in seiner Laufbahn. Niemand kam mit Michels zurecht. Bereits nach dem 3. Spieltag konstatierte Christian Schreier, dass man die Taktik des Trainers nicht verstände. »Keiner wusste doch am Ende mehr, wo er hinlaufen sollte«[43], erklärte der Stürmer nach dem 1:3 in Bremen.

Es folgten viele unerfreuliche Wochen für Spieler und Trainer, die von Grabenkämpfen gezeichnet waren. Zu Anfang des Jahres 1989 schwand dann auch die Rückendeckung aus der Chefetage des Vereins. Reiner Calmund, der lockere Rheinländer – eh schon kein Freund des autoritären Trainers – erklärte: »Für Bayer zählt nur, was unterm Strich herauskommt. Für uns ist es total unwichtig, ob er *[der Verein – Anm. d. Verf.]* Europameister war oder nicht.«[44] Die Ergebnisse sprachen nun nicht für den Holländer.

Am 13. April 1989 endete die Ära Michels nach einem 0:0 gegen Fortuna Düsseldorf. Michels ging, nicht ohne noch einmal nachzutreten. »In Köln bin ich an den Stars gescheitert. In Leverkusen daran, dass keine Stars da sind. Die Spieler hier sind viel zu brav für das Fußballgeschäft. Die Mannschaft ist einfach nur Mittelmaß.«[45] Am Ende bleibt festzustellen, dass man weder in Köln noch in Leverkusen menschlich mit dem General klarkam.

28. GRUND

Weil doppelt gemoppelt besser hält

Der 28. Spieltag der Saison 2011/2012. Leverkusen verliert in Freiburg und dennoch skandieren die Leverkusener Fans: »Ohne Robin, wär' hier gar nichts los!«[46] Die internationalen Plätze sind in Gefahr und trotzdem feiern die Bayer-Fans ihren Trainer? Es war nur noch Hohn, was da auf Robin Dutt herabprasselte. Seit Wochen quälte er sich mit der Mannschaft durch die Liga, seine Außendarstellung ließ zu wünschen übrig und immer wieder machte er sich

bei den Spielern mit schwer nachzuvollziehenden Entscheidungen unbeliebt. Sogar Dauerkarten wurden gekündigt, sodass die Entscheidung nach dem Spiel gegen Freiburg nicht mehr verwunderte. Dutt musste seine Koffer packen.

Dutt ging und zwei Sympathieträger mussten ran. Der altehrwürdige Sami Hyypiä wurde vom Trainer-Hospitanten zum Teamchef befördert, und an seine Seite stellte man den noch relativ unbekannten A-Jugend-Coach Sascha Lewandowski, der auch die nötige Lizenz besaß, um eine Bundesliga-Mannschaft anzuleiten. »Manchmal muss man außergewöhnliche Wege gehen«[47], erklärte Wolfgang Holzhäuser, warum man gerade eine Doppelspitze installiert hatte und die dann auch noch mit einem Trainernovizen wie Sami Hyypiä. Der hatte gerade noch seine Ausbildung absolviert, doch Völler erklärte auch diese Entscheidung: »Die Spieler schauen zu ihm auf. Wir sind davon überzeugt, dass Sami das Ruder herumreißen kann. Er genießt unser volles Vertrauen.«[48]

Und so kam es dann auch. Die beiden Männer übernahmen eine völlig verunsicherte Mannschaft, der sie ihr Selbstbewusstsein wieder zurückgaben.

Der Jugendtrainer mit frischen, ausgebufften taktischen Konzepten und der alte Abwehrrecke, der als »verlängerter Arm« auf dem Platz noch unter Jupp Heynckes agierte. Leverkusen blieb bis zum Ende der Saison ohne Niederlage und sicherte sich am Ende doch noch die Europa-League-Qualifikation.

Damit nicht genug – auch für die nächste Spielzeit entschied man sich in der Führungsetage, dass man Hyypiä und Lewandowski als Trainer vertraute, und diese schlugen auf einen neuen Vertrag ein. »Wir haben schnell gemerkt, dass wir in vielen Dingen sehr dicht beieinander sind«[49], lüftete Lewandowski das Geheimnis des Erfolgs der Doppelspitze, und Hyypiä erklärte an anderer Stelle, was passiert, wenn sich die beiden Übungsleiter mal nicht einig sind: »Wir gehen mit einem Lächeln zu Rudi Völler und lassen den Sportdirektor entscheiden.«[50]

Das kam in der ersten vollen Saison unter Hyypiä und Lewandowski selten vor und ohne große Mühe, ohne Einbrüche, ohne Skandale spielte sich Bayer 04 auf einen Champions-League-Platz hinter Bayern München und Borussia Dortmund. Als dritte große Kraft in der Bundesliga. Als das Team, das als einziges Bayern München schlug. Damit rechnete wohl niemand und der Abstand zu der Konkurrenz auf den Plätzen vier und fünf war erstaunlich groß.

Für Sascha Lewandowski war die Bundesliga dann aber letztlich wohl zu groß. Nach etwas mehr als einem Jahr entschied er sich, wieder in den Jugendbereich zu wechseln und zu seinen Wurzeln zurückzukehren. Sami Hyypiä muss alleine weitermachen. Mal gucken, ob doppelt gemoppelt wirklich besser hält.

29. GRUND

Weil Stefan Reinartz sich nicht zu schade ist, die Junioren zu trainieren

Stefan Reinartz ist 24 Jahre alt und ein grundsolider Profi bei Bayer Leverkusen. Er hatte nie das größte Talent auf dem Platz, es gab immer stärkere Spieler, aber aufgrund seines Arbeitsethos und seines Willens hat er es dennoch bis in die Bundesliga und in den Kreis der Nationalmannschaft geschafft. Ein Vorbildprofi, wie er im Buche steht. Ob das nun auf dem Platz, während des Spiels oder neben dem Platz im Interview mit den Medien oder im Training ist.

Reinartz gibt immer alles und hat eine erfrischend nüchterne Art, mit dem Geschäft Profifußball umzugehen. »Ich glaube, ich muss nicht Profifußballer sein«, äußerte er jüngst und erklärte, dass er sich auch für Wirtschaftspsychologie, Meinungsforschung und Marketing interessiere. »Wenn es eben wegen einer Verletzung nicht mehr klappt, würde ich nicht den ganzen Tag weinend zu Hause sitzen, sondern etwas anderes finden, was mir Spaß macht«[51], so Reinartz.

Seit einiger Zeit kommt ein weiteres Steckenpferd hinzu, denn der Defensivmann betreut nun auch die U17-Mannschaft von Bayer Leverkusen. Tom Cichon, der verantwortliche Coach der Mannschaft, suchte vor einiger Zeit eine Verstärkung für das Trainerteam und dachte an einen Mann aus dem Profiteam. »Ein Profi kann die Jungs ohne die Distanz erreichen, die sie zu Trainern oder Lehrern haben«[52], begründet Cichon die Auswahl und findet in Stefan Reinartz den richtigen Typen. Reinartz hat selbst alle Junioren-Teams der Werkself durchlaufen und kann somit von seinen Erfahrungen als Junior und auch als Profi berichten. Für »die Jungs«, wie Reinartz seine Schützlinge nennt, ein riesiger Gewinn. Ein- bis zweimal die Woche ist der Profi nun bei den Junioren, bereitet Übungen vor und bildet den Nachwuchs taktisch aus. Für Reinartz eine absolute Win-win-Situation, denn nicht nur die Spieler profitieren, auch er selbst zieht den Nutzen aus der Arbeit.

Thomas Schaaf, der ebenfalls zu den wenigen Fußballprofis gehörte, der ganz normal am Spielbetrieb teilnahm und gleichzeitig eine Juniorenelf von Werder Bremen betreute, erklärt den Nutzen: »Es ist schon als Spieler ein enormer Vorteil, Dinge auf diese andere Art und Weise aufzunehmen, sich einmal die Hintergründe der Trainingsarbeit zu verdeutlichen«.[53] Vielleicht schafft es Reinartz ähnlich wie Thomas Schaaf in Bremen, eines Tages Leverkusen zur Meisterschaft zu führen. Ein Exot als Vorbild und Hoffnungsträger bei Bayer.

30. GRUND

**Weil Peter Hermann Jahrzehnte
den Co in Leverkusen machte**

Franz-Peter Hermann, landläufig als Peter Hermann bekannt, war nie der große Lautsprecher. Peter Hermann war eher der stille Mann im Hintergrund. So verwundert es nicht, dass er mit 21 Jahren als Co- oder Amateurtrainer in Leverkusen immer zufrieden war und trotzdem eine Art Legende bei Bayer ist. Der in Kleinmaischeid geborene Pfälzer kam 1976 zum ambitionierten Zweitligisten Bayer Leverkusen und spielte dort als Mittelfeldstratege bis 1984. Er erlebte den Aufstieg in die 1. Bundesliga und absolvierte 215 Spiele. 32 Treffer stehen bei ihm zu Buche. Gute Zahlen, aber nicht die ganz großen.

1989 wechselte Hermann dann ins Trainermetier. Er wurde zunächst Co von Jürgen Gelsdorf, und das blieb er auch viele, viele Jahre. Er saß neben dem Zigarillo rauchenden Dragoslav Stepanović, neben dem zurückhaltenden Reinhard Saftig, neben Daum, neben Ribbeck und Skibbe, aber auch neben Vogts, Völler und Augenthaler. 894 Spiele assistierte er. Eine unglaublich hohe Zahl. Hermann sprang auch immer dann ein, wenn er gebraucht wurde. Wenn ein Trainer entlassen wurde, gab er den Interimstrainer. Wenn ein Trainer krank war, saß er auf der Bank. So zum Beispiel vor dem Spiel gegen Schalke im Oktober 2009. Jupp Heynckes plagte eine Grippe und Hermann übernahm sämtliche Aufgaben.

So auch die Pressekonferenz. »Da müssen wir einiges für tun. Schalke ist eine schwere Aufgabe, aber auch eine schöne Aufgabe. Es ist eine deutliche Entwicklung zu sehen bei Schalke. Wir haben sehr gut trainiert. Die älteren Spieler müssen als Vorbild voraus. Schwierig, wenn der Trainer nicht da ist. Mit der Leistung vom letzten Heimspiel werden wir da nicht bestehen«[54], unterhielt Hermann die anwesende Presse mit seinen stakkatoartigen Sätzen, die jedoch ungeschönt das wiedergaben, was alle dachten. Hermann nahm kein Blatt vor den Mund und sagte auch die weniger schönen Dinge.

Nicht immer war alles in Ordnung mit Leverkusen und Hermann. Bruno Labbadia wollte einst lieber seinen eigenen Co-Trainer an seiner Seite und installierte Eddy Sözer in Leverkusen. Hermann ging erst ins Scouting, wechselte aber dann nach Nürnberg, um Michael Oenning zu unterstützen. Die Wertschätzung der Bayer-Verantwortlichen war aber immer noch da, so ließ man Hermann nicht einfach gehen, sondern baute eine Rückholklausel in seinen Vertrag mit ein.

Als dann Heynckes Labbadia nachfolgte, holte man Hermann zurück, obwohl die eigentliche Frist der Klausel schon verstrichen war. Nürnberg hätte Hermann gerne gehalten, doch Leverkusen hatte die nötigen Argumente, ihn doch wieder zurückzuholen. Hermann ging danach mit einem weinenden Auge mit Jupp Heynckes nach München, als dieser sein Engagement in Leverkusen aufgab. So schaffte es Hermann dann am Ende doch noch, einmal die Meisterschale zu berühren.

Im Triple-Jahr des FC Bayern jubelte Hermann über Meisterschaft, Pokalsieg und Champions-League-Gewinn, und dürfte der einzige Grund gewesen sein, den Bayern diesen Erfolg zu gönnen.

KAPITEL 4

NICHT VIZE-, SONDERN SIEGER

DIE ERFOLGE

31. GRUND

Weil Leverkusen noch nie aus der Bundesliga abgestiegen ist

Wenn Bayer Leverkusen im Herbst 2013 in die Saison startet, dann wird dies die 35. Bundesliga-Spielzeit in Folge sein. Im Jahr 1979 stieg der Werksverein aus der 2. Bundesliga Nord in die Bundesliga auf und seitdem nie wieder ab. Eine Leistung, die gerade mal vier Vereine derzeit überbieten können. Nur der Hamburger SV, Bayern München, Borussia Dortmund und der VfB Stuttgart weilen schon länger ununterbrochen in Deutschlands höchster Spielklasse.

Während Bayer in den letzten Jahren vornehmlich in den oberen Tabellenregionen landete, gab es jedoch in all den Jahren der Erstklassigkeit die ein oder andere Spielzeit, die beinahe mit dem Abstieg ihren Abschluss fand. Nach zwei ordentlichen ersten Jahren in der Bundesliga und dem Abschluss im Mittelfeld der Tabelle folgte 1981/1982 eine Saison, die beinahe mit dem Klassenverlust endete. Nachdem die Bayer-Verantwortlichen in der Sommerpause einige hoffnungsvolle Transfers getätigt hatten, liebäugelte man beim Werksverein gar mit einer Teilnahme im UEFA-Pokal. Diese ambitionierten Hoffnungen bekamen jedoch bereits am ersten Spieltag einen herben Dämpfer, als Bayer mit 2:6 gegen Bayern München verlor und den letzten Tabellenplatz einnahm.

Nach einigen turbulenten Wochen kam es zum ersten Trainerrauswurf bei Bayer 04 in der Bundesliga. Willibert Kremer musste am 22. November 1981 seine Koffer packen und wurde durch seinen Co-Trainer Gerd Kentschke ersetzt. Dieser schaffte es jedoch nicht, die Werkself aus dem Tabellenkeller zu hieven, und sicherte gerade mal den Relegationsrang 16. Es war die erste Spielzeit, in der überhaupt eine Relegation ausgetragen wurde. Bisher hatte dieser Platz noch direkt in die 2. Liga geführt.

Für diese Relegationsspiele wurde dann flugs ein neuer Trainer bestellt. Dettmar Cramer. Der Cramer, der zuvor Assistent von DFB-Trainer Helmuth Schön gewesen war und die Bayern aus München zum Europapokalsieger der Landesmeister geführt hatte. Vier Tage blieben dem neuen Trainer, das Team vorzubereiten, und dies tat er mit Erfolg. Bayer gewann beide Spiele gegen Offenbach, sodass die Klasse mit Ach und Krach gesichert wurde. So nah kam Bayer der Zweitklassigkeit erst im Jahr 1996 wieder, als man sich am letzten Spieltag ein packendes Duell mit Kaiserslautern um den Abstieg lieferte. Bayer brauchte einen Punkt, um die Klasse zu halten – Kaiserslautern den Sieg, und nach dem sah es bis zur 81. Minute auch aus.

Pavel Kuka hatte Lautern in Front geschossen und Leverkusen damit virtuell in die 2. Liga befördert. Neun Minuten vor Schluss hatten die roten Teufel dann den Ball für eine Verletzungspause ins Aus befördert. Anstatt den Ball wieder zurück zu den Gästen aus der Pfalz zu spielen, wie es sich wohl eigentlich gehört, leitete Paulo Sérgio einen Angriff für Leverkusen ein, der schließlich mit dem 1:1 durch Markus Münch endete.

Bayer blieb in Liga 1, Lautern stieg ab und kehrte ein Jahr später triumphal zurück, um direkt Meister zu werden. Vom letzten Spieltag der Saison 1995/1996 bleibt das Bild der beiden Weltmeister von 1990 zurück. Der Leverkusener Rudi Völler, der den weinenden Lauterer Andreas Brehme nach dem Spiel trösten muss. Nach diesem Jahr kam Leverkusen nie wieder in die Abstiegs-Bredouille. Zur Freude jedes Fans.

32. GRUND

Weil man in einem unglaublichen Spiel UEFA-Cup-Sieger wurde

Ich war gerade mal elf Jahre alt, und ich war Fan von Bayer Leverkusen. Einem Verein, der in der Bundesliga irgendwo im oberen Mittelfeld der Tabelle rumdümpelt, als graue Maus verschrien war und zu dessen Heimspielen im Schnitt 8.000 Zuschauer kamen. 8.000 Zuschauer, die, wenn sie denn saßen, sich Holzsplitter in den Allerwertesten beförderten. Der große Anreiz, diesen Verein toll zu finden, war nicht da, es sei denn, man spielte mal eine ordentliche UEFA-Cup-Saison.

Ich war noch nicht so lange Fan und das auch nur aus Mitleid, aber damit sich eine Verbundenheit zum Lieblingsklub entwickelt, muss zwischendurch auch mal etwas Tolles passieren. Und das geschah im Jahr 1988. Auf unglaubliche Weise hatte sich Bayer Leverkusen ins UEFA-Cup-Finale gespielt. Man hatte respektable Teams wie Feyenoord Rotterdam, den FC Barcelona oder aber auch den Tabellenführer der Bundesliga, Werder Bremen, bezwungen und somit schon bei der dritten Teilnahme an diesem Wettbewerb fast das Maximalziel erreicht. Im Finale wartete nun Espanyol Barcelona.

Damals wurde auch dieses Finale noch mit Hin- und Rückspiel ausgetragen und meine Erwartungen waren hoch. Zuerst musste Bayer in Barcelona antreten und in meiner Vorstellung würde dieses Spiel ein bombastisches werden. Fertig vorbereitet mit Chips und dem Lieblingszitronensprudel saß ich vor dem Fernseher und hoffte auf die Vorbereitung eines phänomenalen UEFA-Cup-Erfolgs, dessen Grundstein in Spanien gelegt und in Leverkusen gekrönt werden sollte. Man muss dazu sagen, dass diese Fernsehabende immer etwas Besonderes waren, weil Livespiele von Leverkusen, wenn man nicht ins Stadion ging, immer etwas Besonderes waren.

So etwas wie Pay-TV und die Bundesligakonferenz im Fernsehen gab es 1988 noch nicht und umso höher waren meine Erwartungen.

Zum Spiel will ich gar nicht viel sagen, nur so viel: Ich wurde am nächsten Tag in der Schule verspottet. Wie man denn mit 0:3 bei so einem Verein untergehen könnte. Zunächst ärgerte ich mich, dann besann ich mich auf meine Qualität als Fan aus Mitleid und redete mir ein, dass ja ein 2. Platz auch was Gutes sei. Zwei Wochen später fragte mich dann mein Vater, ob ich denn das Rückspiel auch sehen wolle, schließlich sei da ja nichts mehr zu holen.

Natürlich wollte ich das Spiel sehen, und es sollte das größte Spiel meines Fan-Daseins werden. Ein 0:3 war aufzuholen und irgendwie hatte ich tatsächlich an diesem Abend das Gefühl, dass da was geht. Festgekrallt ins Sofa beobachtete ich die Bemühungen meines Teams, und sie waren gar nicht so schlecht. Nach 32 Minuten lag erstmals der Ball im Tor. Tita hatte dem gegnerischen Torhüter den Ball beim Abschlag mit dem Kopf stibitzt und frohlockend zum 1:0 eingeschoben. Perfekt. Da sind doch jetzt noch zwei Tore drin.

Doch dann die Ernüchterung. Der niederländische Schiedsrichter Jan Keizer hatte eine Regelwidrigkeit in dieser Aktion entdeckt und auf Freistoß für Barcelona entschieden. Das gibt es doch nicht. Meine Brüder hockten neben mir und stichelten: »Das wird wohl nichts mehr«, und tatsächlich schwand meine Hoffnung. Die Zeit danach verrann und nichts passierte. Endlose Minuten des Wartens wurden erst in der 57. Minute beendet, als Tita dieses Mal regulär ins Tor traf. Nur sechs Minuten später erhöhte Falko Götz auf 2:0.

Doch wann fällt endlich der dritte Treffer? Bis zur 81. Minute schwitzte ich Blut und Wasser, ehe mich Bum-kun Cha erlöste. Mit einem wuchtigen Kopfball erlöste er mein Leiden und ich fand mich jubelnd auf dem Teppich wieder. Meine Brüder waren still geworden, fieberten aber inzwischen mit. Es blieb beim 3:0 und nach einer ereignislosen Verlängerung ging es ins Elfmeterschießen.

Es ist spät geworden, und normalerweise bin ich um diese Zeit schon im Bett. Die Eltern drücken ein Auge zu und hoffen auf einen

Sieg Leverkusens. Wer möchte schon ein weinendes Kind ins Bett bringen? Barcelona trifft, Falkenmayer verschießt. Kann das denn sein? So weit gekommen und jetzt verschießt man den ersten Elfmeter? Ich bereite mich wieder auf das Unvermeidliche vor. Die Niederlage. Aber es kommt anders. Erst trifft noch Job, doch dann kommt kein Spanier mehr an Rüdiger Vollborn vorbei. Der Torhüter wird zum Held des Abends. Mit seltsam rudernden Armen irritiert er die Katalanen so sehr, dass sie keinen Ball mehr an ihm vorbeibringen. Die Leverkusener dagegen zeigen keine Nerven und verwandeln jeden Elfmeter. UEFA-Cup-Sieger 1988 ist tatsächlich Bayer Leverkusen. Ich habe feuchte Augen. Das Unmögliche ist wahr geworden. Ein scheinbar uneinholbarer Rückstand ist wettgemacht worden. Ich bin stolz auf meine Jungs, und als ich am nächsten Tag mit den Schulfreunden auf dem Fußballplatz Elfmeter schieße, stehe ich mit seltsam rudernden Armen im Tor. Keiner lacht.

33. GRUND

Weil man 1993 den DFB-Pokal gewann

Zwei wirklich wunderbare Pokale stehen in der Vereinsvitrine in Leverkusen. Der eine datiert aus dem Jahr 1988 und ist der UEFA-Pokal. Der andere ist jüngeren Datums und stammt aus dem Jahr 1993 und ist der DFB-Pokal. Das ist jetzt schon 20 Jahre her. In einem packenden Finale schlug man das Heimteam der Hertha BSC Amateure mit 1:0. Der Sieg ist umso süßer, da man nicht nur die tapfer kämpfenden Amateure niederrang, sondern sich auch von den knapp 60.000 pfeifenden Berliner Fans nicht unterkriegen ließ. Selbst als der Pokal übergeben wurde, bewiesen die Berliner wenig Anstand und zollten dem durchaus verdienten Sieger keinen Respekt. Die Leverkusener beeindruckte dies nicht, und der erste und bis heute letzte nationale Pokal wurde in einem Berliner Hotel entsprechend gefeiert.

Dass es überhaupt so weit kam und Leverkusen diesen Erfolg errang, hatte viele Väter und war alles andere als selbstverständlich. Schon in der ersten Runde hätte die Werkself die Segel streichen können, als man gegen den Viertligisten aus Hamburg, den FC Bergedorf 85, spielte. »Da darf nichts schiefgehen, denn wir wollen uns nicht zum Deppen der Fußballnation machen lassen«[55], mahnte Trainer Reinhard Saftig vor der Partie. Die Mahnung wirkte nicht so richtig, denn fünf Minuten vor Ende des Spiels stand es nur 2:1 für die Profis. Erst das 3:1 kurz vor Ende durch Andreas Thom tütete den Sieg ein. Das Tor von Bergedorfs Andreas Hammer sollte übrigens das letzte sein, das Rüdiger Vollborn in dieser DFB-Pokal-Saison kassierte.

In Runde 2 schlug man dann erneut mit Mühe den 1. FC Kaiserslautern, ehe man den Viertligisten VfR Heilbronn, die Profis von Hertha BSC und Carl Zeiss Jena aus dem Pokal kegelte. Im Halbfinale traf Bayer dann auf die Eintracht aus Frankfurt und absolvierte wohl das beste Spiel des Wettbewerbs. In einem furiosen Match siegte Leverkusen mit 3:0 durch zwei Tore von Andreas Thom und einen Treffer durch Ulf Kirsten. Kuriosität am Rande dieser Partie war, dass bei Eintracht Dragoslav Stepanović auf der Bank saß. Der Trainer, der schon als neuer Coach für die kommende Saison bei der Werkself feststand. Damit nicht genug, denn Saftig wurde aufgrund der schlechten Bundesliga-Tabellenposition noch vor dem DFB-Pokalfinale entlassen, und Stepanović übernahm frühzeitig die Bayer-Elf.

So richtig als Sieger wollte er sich dann aber nach dem Sieg in Berlin doch nicht fühlen: »Im Fußball gibt es kein ›verdient oder nicht verdient‹. Im Grunde bin ich kein Pokalsieger, da ich in der Saison 1992/1993 als Coach von Eintracht Frankfurt bereits das Halbfinale verloren hatte.«[56] Ganz ohne Erinnerungsstück blieb Stepanović dann aber doch nicht: »Zur Erinnerung ließ ich am Anfang der neuen Saison aber ein Foto von mir und dem DFB-Pokal knipsen.«[57] Zu Recht. Auch wenn Reinhard Saftig einen großen Anteil am einzigen nationalen Titel hatte, so stand halt eben auch Dragoslav Stepanović im Finale an der Seitenlinie und coachte Bayer zum Sieg.

34. GRUND

Weil Bernd Schuster die drei schönsten Tore des Jahres 1994 schoss

Bernd Schuster spielte in Leverkusen unbestritten einen zauberhaften Ball, und wenn er richtig in Fahrt kam, dann entschied er Spiele mit seinen Toren und seinen wunderbaren Pässen. Es gab aber auch Tage, an denen er scheinbar keine Lust hatte, ihn die Mitspieler nervten und der Lauf zur Eckfahne schon eine Herausforderung war. Irgendwo zwischen Genie und Wahnsinn muss man in der Retrospektive sein Fußballer-Dasein unterm Bayer-Kreuz einordnen.

Passend dazu gibt es eine unglaubliche und wohl unwiederholbare Statistik aus dem Jahr 1994, als Bernd Schuster vermutlich die schönsten Tore seiner Karriere schoss. In der altehrwürdigen *ARD Sportschau* wird seit 1971 das Tor des Monats von den Zuschauern ermittelt. Mussten früher noch die Gefängnisinsassen des Kölner Klingelpütz[58] die Stimmen auszählen, wird inzwischen via Internet abgestimmt. Im Jahr 1994 gingen nun gerade besonders viele Stimmen für den blonden Engel aus Leverkusen ein. Dreimal gewann Schuster die Wahl zum Tor des Monats. Dreimal war der legendäre durchsichtige Ball prall gefüllt mit Postkarten, auf denen Bernd Schusters Name stand. Damit nicht genug. Genau diese drei Tore belegten bei der Wahl zum Tor des Jahres die ersten drei Plätze. Und das völlig zu Recht.

Alles begann im April beim Spiel der Leverkusener gegen den Karlsruher SC. Ein ominöser Oliver Kahn hütete damals noch den Kasten der Fächerstädter. Doch auch der spätere Welttorhüter verhinderte nicht den ersten Geniestreich des Leverkusener Mittelfeldregisseurs im Jahr 1994. Schuster nahm eine Flanke von Paulo Sérgio volley ab und platzierte den Ball aus zehn Metern unhaltbar in den Maschen des Netzes. Sein zweites Tor des Monats im August war auch gleichzeitig das Tor des Jahres. Wieder steht eine große Nummer im Tor des Gegners. Andreas Köpke hütet den Kasten der Frankfurter. Gerade hatte Köpke den Posten des Nationaltorhüters von Bodo Illgner übernommen, doch gegen Schusters 45-Meter-Schuss hatte auch er keine Chance.

Den Abschluss in dieser Tor-des-Monats-Triologie erledigt Schuster im Dezember. Im UEFA-Pokal trifft Bayer daheim auf den polnischen Klub Kattowitz. Das Spiel, das Bayer 4:0 locker flockig nach Hause bringt, wird durch einen genialen Freistoßtreffer Schusters in der 11. Minute eröffnet. Wie der blonde Engel den Ball von der linken Strafraumkante auf der Höhe der Torauslinie aus diesem Winkel im Tor versenken konnte, dürfte wohl immer sein Geheimnis bleiben. Am Ende waren es Schusters einzige Tore des Monats und die unglaubliche Tatsache, dass der blonde Engel tatsächlich die drei ersten Plätze beim Tor des Jahres belegte. Etwas, was bis heute niemandem mehr gelungen ist.

35. GRUND

Weil Leverkusen die zweitkleinste Stadt ist, die je einen Europapokal gewonnen hat

Durchforstet hat man die Annalen der Fußballgeschichte, die Rekordbücher des Spiels auf dem wunderbaren grünen Rasen, so muss man doch länger suchen, bis man auf Stellen stößt, wo die

Leverkusener mit ihrer Fußballabteilung erwähnt werden. Man muss den Leverkusenern zugutehalten, dass das Städtchen an der Dhünn ein kleines Städtchen ist, man noch nicht so lange im Konzert der Großen mitspielt und zu guter Letzt auch ein wenig Pech gehabt hat.

Gerne steht man auch mal für Rekorde anderer zur Verfügung. Marquinhos fällt beispielsweise in die Kategorie der teuersten Fehleinkäufe der Bundesliga. 4,5 Millionen Euro zahlten Bayer für den Brasilianer, der aber am Ende kein einziges Spiel für Leverkusen absolvierte und ablösefrei zu Flamengo nach Brasilien zurückwechselte. Oder man statt Pate für Lionel Messis unglaublichen Fünferpack in der Champions League. Nie zuvor schaffte ein Spieler fünf Tore in einem Spiel. Beim 7:1 des FC Barcelona gelang Messi dieses Kunststück sehr zum Leidwesen von Bayer-Keeper Bernd Leno und seiner Teamkameraden.

Apropos Bernd Leno. Der stand beim zweitschnellsten Tor der Champions-League-Geschichte zwischen den Pfosten und leistete auch noch die Vorlage. Beim 3:1 des FC Valencia gegen Bayer Leverkusen schlug Leno den Ball direkt zu Jonas, der den Ball direkt in Bayers Kasten unterbrachte.

Aber zurück zu den positiven Dingen des Fußballlebens: den Erfolgen. Bekanntlich gewann Bayer Leverkusen 1988 den UEFA-Cup und trug sich damit in die Geschichte ein. Nicht nur, dass man erstmals international einen großen Sieg davontrug. Leverkusen war damit die kleinste Stadt (161.000 Einwohner), die je den UEFA-Pokal gewann, und die zweitkleinste, die je einen Europapokal gewann. Lediglich Mechelen (82.000 Einwohner) war kleiner, das im selben Jahr den Europapokal der Pokalsieger gewann. Vielleicht braucht man eines Tages solche Rekorde nicht mehr und es ist egal, wie groß die Stadt ist, in der Bayer spielt. Es wäre der Werkself zu wünschen.

36. GRUND

Weil Leverkusens Talente ein Abo auf die Fritz-Walter-Medaille haben

Dass Leverkusen erfolgreiche Jugendteams hat, dürfte allseits bekannt sein. Im Gegensatz zu den Profis wurde die A-Jugend schon dreimal deutscher Meister und feierte damit den größten Erfolg, den man auf dieser Ebene erreichen kann. 2007 gelang dieses Kunststück zuletzt gegen die Bayern aus München, die mit so illustren Persönlichkeiten wie Thomas Kraft, Holger Badstuber, Toni Kroos und Thomas Müller antraten.

Apropos Persönlichkeiten. Auch die werden in Leverkusen in jungen Jahren an die Spitze geführt. Sind die Erfolge als Team immer abhängig vom Kollektiv, so gibt es in Deutschland eine Auszeichnung für junge Talente, die allein von sportlichen Leistungen, aber auch vom persönlichen Auftreten abhängig ist. Die von der Fritz-Walter-Stiftung und dem DFB vergebene Fritz-Walter-Medaille ist die höchste Auszeichnung, die ein Juniorenspieler erhalten kann. Je nach Klasse und Können wird in sie Gold, Silber und Bronze in den einzelnen Altersklassen U19, U18 und U17 ausgehändigt.

Die Jungspunde aus der Bayerelf haben inzwischen ein Abonnement auf die begehrten Auszeichnungen. Seit 2007 sind regelmäßig Spieler in der Auswahl der besten Nachwuchsakteure des Landes. Im Jahr 2007 staubte Stefan Reinartz eine bronzene Medaille in der U18-Kategorie ab. Reinartz gehört inzwischen zum festen Kern der Werkself und zum erweiterten Kreis der Nationalmannschaft. Neils Teixeira gewann ebenfalls Bronze bei den unter 17-Jährigen. Teixeira spielt seit 2011 beim FSV Frankfurt in der 2. Liga. 2008 gewannen Marcel Risse und Richard Sukuta-Pasu Bronze – beide ebenfalls in der 2. Liga und nicht mehr für Leverkusen aktiv. 2010 sicherte sich Kolja Pusch Bronze in der U17-Altersklasse. Pusch spielt immer noch in Leverkusen und klopft an der Tür zum

Profikader. 2011 gewann erstmals eine Frau in Person von Johanna Elsig eine Fritz-Walter-Medaille und sogar in Gold. Dominik Kohr gelang dann 2012 und 2013 das Kunststück, in zwei Jahren Bronze zu gewinnen. Kohr gehört zu den Talenten, die es dieses Jahr in den Profikader schaffen könnten.

Für den Verein haben die vielen Medaillen einen positiven Nebeneffekt. Der ausbildende Verein bekommt für eine Auszeichnung in Gold 20.000 Euro, in Silber 15.000 Euro und für Bronze gibt es immerhin noch 10.000 Euro. Das klingt im Profigeschäft nach nicht sehr viel, dennoch trägt jeder Cent dazu bei, dass die Jugendarbeit in Leverkusen weiter vorangetrieben wird.

37. GRUND

Weil Leverkusen in (Fußball-)Deutschland beliebter ist als Köln

20.990 Menschen können nicht irren. Diese Menschen bestätigten einen Trend, den nie ein Leverkusen-Fan infrage stellen würde. Diese Menschen sind auch keine ausgesprochenen Bayer-Anhänger. Diese Menschen sind Menschen wie du und ich. Durchschnittsbürger. Und diese Durchschnittsbürger finden Bayer Leverkusen interessanter als den 1. FC Köln. Dass sie nun Durchschnittsbürger sind, soll sie keinesfalls abwerten, und dadurch, dass sie die Werkself spannender finden, sind sie ja nun sowieso schon mal gar nicht mehr Durchschnitt.

Diese 20.990 Menschen waren Teil einer Umfrage des Allensbacher Instituts[59], die alljährlich eine Befragung durchführen, wie viel Interesse für die Klubs der Bundesliga in der Bevölkerung vorhanden ist und welche Vereine am spannendsten sind. Naturgemäß stehen in solchen Umfragen Bayern München, Schalke oder Dortmund an der Spitze. Vereine mit vielen Fans, Vereine, die erfolgreich sind, oder Vereine, die die ominöse Tradition ihr Eigen nennen. Also alles nichts für Leverkusen. Und dennoch nimmt der Werkself-Anhänger die kleinen Erfolge mit. Und wenn es nur die Tatsache ist, dass die gut 20.000 Menschen Leverkusener spannender finden als Köln. Und das, obwohl doch Köln schon so lange existiert (nicht so lange wie Leverkusen), Gründungsmitglied der Bundesliga ist und sogar erster Deutscher Meister der neugegründeten Liga 1964 wurde.

Trotzdem finden die Deutschen Bayer Leverkusen spannender. Das war zuletzt im Jahr 2011 so, denn die Umfrage umfasst halt nur Erstliga-Klubs. Köln spielt ja jetzt nur noch in Liga 2. Dennoch wünschen sich die Leverkusener die Kölner sicher wieder in die Oberklasse, denn was gibt es Schöneres als einen Derbysieg gegen den 1. FC Köln? Was gibt es Schöneres, als wenn der Konkurrent von der anderen Seite hinter Leverkusen in der Tabelle landet und wenn die nächste Allensbacher Studie wieder mal bestätigt, dass Leverkusen interessanter als Köln ist?

38. GRUND

Weil man eine der schönsten Kombinationen der letzten 20 Jahre in der BayArena bewundern durfte

Es war die Zeit, als Trikots noch nicht eng am Körper anlagen, als Oliver Kahn noch im Tor der Bayern in München stand und man passives und aktives Abseits noch nicht unterschied. Schönen Fußball und tolle Tore gab es dennoch schon im Jahr 2004, und diese bekam man zuhauf an einem schönen Sommertag in der BayArena präsentiert. Bayer Leverkusen spielte gegen Bayern München, und keiner der 22.500 Zuschauer dürfte dieses Spiel wohl je vergessen, denn er sah einen ebenso famosen wie seltenen 4:1-Sieg der Leverkusener. Der Erfolg war zusätzlich mehr als verdient, es gab fußballerische Feinkost, die seinesgleichen sucht, und ein Tor war schöner als das andere. Eine Kombination, die für das erfolgreiche Team kaum schöner sein könnte.

Das Team vom Leverkusener Coach Klaus Augenthaler hatte die Bayern zu jedem Zeitpunkt des Spiels im Griff und deklassierte den Rekordmeister wie wohl nie zuvor. Der Torreigen begann in der 20. Minute, als Franca den Ball in der Nähe der Mittellinie erhielt, einige Meter mit dem Ball am Fuß lief und dann einen Pass in die Tiefe spielte, der perfekter nicht hätte sein können. Berbatov erläuft den Ball an der Strafraumkante und schiebt an Oliver Kahn zum 1:0 ein. Auch der zweite Treffer der Werkself geizte nicht mit Eleganz. Wieder sind Franca und Berbatov beteiligt. Dieses Mal jedoch bedient der Bulgare den Brasilianer im Doppelpass und der lupft den Ball lässig mit dem Außenrist ins Glück. 2:0 steht es nach 52 Minuten, und Leverkusen legt noch eine weitere Schippe drauf.

Nach einem Fehlpass von Sebastian Deisler schickt dieses Mal Diego Placente Franca in die Tiefe des Raums. Der Brasilianer hat einen echten Sahnetag erwischt und krönt seine Leistung mit seinem zweiten Tor. Eiskalt nutzt er die Chance im 1:1 gegen Kahn. Die Krönung folgt beim 4:0. Über sechs Stationen spielen sich Placente, Robson Ponte, Franca und Berbatov die Bälle zu, ohne dass ein Bayern-Spieler an den Ball kommt. Dabei kreiselt der Ball so schnell, so präzise und unvorhersehbar durch die Reihe der Bayern, dass die wie unbeteiligte Tonfiguren auf dem Platz wirken. Alleine die Laufwege hätten einen wunderbaren Picasso ergeben.

Berbatovs Abschluss, ein simpler Schuss mit dem Innenspann, wirkte fast profan nach der Passkunst zuvor. Seit dem 2:0 waren gerade einmal sieben Minuten vergangen. Die anwesenden Zuschauer rieben sich die Augen. Das Fachblatt *kicker* vergibt an diesem Tag fünfmal die Bestnote für die Leverkusener Spieler – bei den Bayern dagegen hagelt es Fünfen. Da heißt es nachsitzen, und das scheint gewirkt zu haben, denn am Ende waren die Bayern doch wieder Meister und Leverkusen nur Sechster.

39. GRUND

Weil Ulf Kirsten das schnellste Tor der Bundesligageschichte schoss

Ende März 2002 spielte Bayer Leverkusen noch um die Meisterschaft. Es war das Jahr der Vizetitel, doch immerhin sicherte sich Ulf »der Schwatte« Kirsten einen Rekord, der wohl so schnell nicht gebrochen werden wird. Leverkusen war an diesem Samstag auf dem Betzenberg zu Gast. Die Sonne scheint – kein Anflug vom ominösen Fritz-Walter-Wetter –, alles ist gerichtet, um die Tabellenführung auch in Kaiserslautern zu verteidigen.

Ulf Kirsten und Oliver Neuville stoßen an. Geschäftsmäßig berührt der Ältere – Kirsten – zunächst den Ball, während Neuville – so wie immer – den Ball erst einmal nach hinten spielt. Ein ganz normaler Spielauftakt in der Bundesliga. Ein ganz normaler Spielauftakt für Leverkusen. In der eigenen Hälfte nimmt dann zunächst einmal Carsten Ramelow den Ball auf. Der bleiche Blonde, der so eine bärenstarke Saison 2002 spielte, agierte im defensiven Mittelfeld, säuberte die unangenehmen Bälle vor der Abwehr und zog die Strippen im Spiel nach vorne.

Während Ramelow noch überlegt, was er mit dem Spielgerät so machen könnte, ist Zoltan Sebescen schon einen Schritt schneller. Offensichtlich äußerst motiviert, flitzt der rechte Verteidiger auf seiner Seite die Linie entlang. Sebescen war ein ungewöhnlicher Spieler, der 2000 sogar für die Nationalmannschaft des DFB auflief, dort aber im Spiel gegen die Niederlande einen rabenschwarzen Tag erwischte und danach nie wieder ein Match für Deutschland bestritt.

Dieser Tag war alles andere als rabenschwarz für den ungarischstämmigen Sebescen, denn Ramelow erfasste die Situation blitzschnell und schickte den Ball in seine Richtung. Das Spielgerät kam tatsächlich auch dort an, wo es hinsollte. Sebescen gerät in einen

Kopfballzweikampf mit einem Lauterer am Rande des Strafraums, und der Ball landet auf diesem Wege bei Bernd Schneider.

Schneider, immer ein Freund von blitzgescheiten Ideen, die er auch noch selbst in Perfektion ausführen kann, fackelt nicht lange und bugsiert den Ball in hohem Bogen in den Strafraum, wo auch schon Ulf Kirsten wartet. Kirsten holt den Ball in seiner unnachahmlichen Art mit dem linken Fuß herunter und vollendet mit dem rechten ins lange Eck. 1:0 für Leverkusen und ein Tor für die Geschichtsbücher der Bundesliga.

Gerade mal elf Sekunden hatte es gedauert, ehe Kirsten, Neuville, Ramelow, Sebescen, Schneider und wieder Kirsten den Spielzug mit dem Tor abgeschlossen hatten. Ein Rekord, den sich Kirsten zwar mit Giovane Elber (es gibt Menschen, die glauben, dass Elber Hundertstel schneller war, aber das glaubt kein Leverkusener) teilen muss, der 1998 mit den Bayern gegen den HSV ebenso schnell traf, der aber immerhin die Leverkusener in den Annalen der Liga verewigte. Leverkusen gewann das Spiel am Ende 4:2. Es war ein wildes Spiel gewesen. Neuville erhöhte wenig später auf 2:0, doch die roten Teufel egalisierten das Ergebnis bis zur 55. Minute durch Treffer von Hany Ramzy und Vratislav Lokvenc.

Bayer ließ sich nicht schocken, im Spiel gegen das mit heutigen Legenden gespickte Team der Lauterer. Mario Basler, Lincoln Cássio de Souza Soares und Miroslav Klose verhinderten nicht, dass Bayer das Spiel gewann. Gerade der Ex-Lauterer Michael Ballack zeigte, was er konnte, verwandelte einen an Thomas Brdarić verursachten Elfmeter und bereitete den Schlusstreffer von Dimitar Berbatov vor. Bayer blieb an der Spitze der Tabelle, und Ulf Kirsten verewigte sich in den Geschichtsbüchern. Ein guter Tag im März.

40. GRUND

Weil man in Leverkusen die erfolgreichsten Schützen an der *ZDF-Sportstudio*-Torwand in den eigenen Reihen hat

Die Torwand ist ein Stück deutsches Fußballkulturgut. 1966 erfand Heribert Klein diese Auflockerung für das *Aktuelle Sportstudio* im ZDF. Nach Berichten und Interviews sollte es noch mal etwas Heiteres in der Sendung geben. Ein prominenter Gast versucht sich bei einem Spiel, das demonstriert, wie gut er Fußball spielen kann. Das Prinzip ist leicht erklärt. Aus sieben Metern soll der Spieler auf eine Wand schießen. Er hat drei Versuche für das rechte untere Loch und drei Versuche auf das linke obere Loch. 55 Zentimeter Durchmesser haben die Trefferflächen, also selbst für einen Fußballprofi keine leichte Aufgabe. So gelang es bis heute niemandem, sechs Treffer zu erzielen.

Zu den erfolgreichsten Schützen gehören charmanterweise Spieler beziehungsweise Trainer aus Leverkusen. So traf Rudi Völler, der heutige Sportdirektor bei Bayer, fünfmal, aber auch Ex-Coach Reinhard Saftig zeigte sich von seiner technisch-versierten Seite und markierte ebenfalls fünf Treffer. Ein Ereignis, das inklusive Völler und Saftig nur acht Menschen gelang, darunter so illustre Persönlichkeiten wie Günter Netzer oder Torwart Frank Rost.

Dass Können auf dem Feld nicht gleichbedeutend mit Können an der Torwand ist, bewiesen viele Weltstars. So traf WM-Torschützenkönig Eusébio kein einziges Mal, der unvergessliche Pelé blieb ebenfalls ohne einen einzigen Erfolg und auch Marco van Basten, Europameister mit den Niederlanden 1988, ging leer aus wie viele andere Gäste auch. Umso schöner, dass wenigstens an der Torwand zwei Leverkusener ganz vorne mit dabei sind.

KAPITEL 5

INTIMHYGIENE UND DAS VIZEKUSENPATENT

ANEKDÖTCHEN VON DER WERKSELF

41. GRUND

Weil Arne-Larsen Økland den Bayern ein Tor schenkte

Es war der 7. März 1983. Ein unwirtlicher Spätwintertag. Bayer Leverkusen spielte noch im Ulrich-Haberland-Stadion. Es war kalt und trotz des hohen Besuchs aus dem Süden – vom FC Bayern München mit Persönlichkeiten wie Paul Breitner, Karl-Heinz Rummenigge oder Klaus Augenthaler verirrten sich nur rund 15.000 Zuschauer in das Stadion an der Autobahn 1. Dennoch wurde es ein Spiel, das für Fans beider Lager unvergesslich blieb. Held des Tages wurde Arne-Larsen Økland. Ein Norweger, der als unbeschriebenes Blatt mit 26 Jahren in die Bundesliga kam. Beim Probetraining im Jahr zuvor hatte Bayer-Keeper Fred-Werner Bockholt ein gutes Wort für ihn eingelegt: »Der hat einen ordentlichen Wumms. Ich würde ihn nehmen«[60], so der Torhüter über den Stürmer im Gespräch mit seinen Vorgesetzten. Den ordentlichen Wumms bewies er auch im Spiel gegen die Bayern, die in dieser Partie kein Bein auf den Boden bekommen sollten.

Während Peter Herrmann Paul Breitner gänzlich aus dem Verkehr zog, sorgte Økland im Sturm zusammen mit Partner Wolfgang Vöge für mächtig Unruhe. Innerhalb von 24 Minuten nahm Økland den damaligen Tabellenzweiten, der später noch Meister werden sollte, mit drei Treffern, also einem lupenreinen Hattrick, auseinander. Vöge lieferte zwei Vorlagen. Klaus Augenthaler, sichtlich genervt vom quirligen Norweger, ließ sich in der 36. Minute auswechseln. Bayer gewann 3:0.

Was jedoch an diesem Tag noch mehr in Erinnerung bleiben sollte, war ein Treffer, der keiner war. In der 71. Minute hatte Økland wieder einmal die Abwehr des Gegners alt aussehen lassen und knallhart von der Strafraumkante abgezogen. Der Ball prallte gegen die Netzstange hinter dem Tor und von da aus, durch ein Loch im Netz, in den Kasten von Bayern-Keeper Manfred Müller. Die Zuschauer jubelten, und auch Schiedsrichter Udo Horeis vermutete ein Tor. Nach Protesten der Bayern-Spieler und der Absprache mit seinem Linienrichter blieb der Unparteiische jedoch bei seiner Entscheidung und bat zum Anstoß. Doch als alle Welt mit der Fortführung des Spiels rechnete, machte sich Økland auf, um Horeis über seinen Fehler zu informieren. »Das war kein Tor, der Ball ist durch das Außennetz geflogen«[61], berichtete er dem Referee, der danach theatralisch den Ball vom Anstoßpunkt fischte, zum Bayern-Tor lief und das Spielgerät dort auf der Torraumlinie platzierte.

Im *Aktuellen Sportstudio* im ZDF äußerte sich Økland dann noch mal zu dem Vorfall und warum er die Entscheidung des Schiedsrichters korrigierte. »Das musste ich dem Schiedsrichter doch sagen«[62], erklärte er, ließ jedoch offen, ob er bei einem Unentschieden auch so gehandelt hätte. Egal, denn zurück blieb sein Bekenntnis zum Fair Play, das ihm in der Folgezeit haufenweise Fanpost einbrachte und den Namen Arne-Larsen Økland in der Bundesliga unvergessen macht.

42. GRUND

Weil man in Leverkusen Talente nicht einfach verkauft

Welcher Verein kennt nicht das Problem, dass man ein wirklich tolles Talent aus der Jugend hat, der Spieler aber noch nicht reif genug für die Bundesliga ist? Die Profi-Elf ist gespickt mit erfahrenen Haudegen und etablierten mittelalten Spielern – wohin dann mit dem 18-Jährigen, der zwar einiges draufhat, aber noch kein Bundesliga-Stadion von innen gesehen hat? Speziell in einem Verein wie Leverkusen, der regelmäßig international spielt und einen qualitativ hochwertigen Kader hat? Für viele Vereine kommt dann irgendwann der Moment, wo sie junge Spieler verkaufen. Der Spieler will nicht ewig auf der Bank sitzen, der Verein will nicht ewig seinen Lohn zahlen, also war es früher so, dass man diese Rohdiamanten entweder in der zweiten Mannschaft auflaufen ließ, an andere Vereine verkaufte oder zum Ärger der Spieler noch einige Zeit auf der Bank schmoren ließ.

Bei Bayer überlegte man sich vor einiger Zeit etwas anderes. Warum Talente ziehen lassen, wenn sie doch vielleicht einfach nur die nötige Spielpraxis brauchen? Die zweite Mannschaft der Werkself spielt leider nicht hochklassig genug, um die Spieler weiterzubringen, also ging man irgendwann dazu über, die Spieler zu verleihen. Ein Deal, von dem meist alle Parteien profitieren, und inzwischen werden nicht nur junge Talente verliehen, sondern auch Spieler, die vielleicht gerade ein Formtief durchlaufen oder länger verletzt waren und mal eine Halbserie Spielpraxis sammeln müssen.

Grundsätzlich könne sich jeder Spieler auf Wunsch verleihen lassen, wenn es im Interesse aller Parteien sei, so Manager Michael Reschke. Also geht man hin und sucht sich einen Zweit- oder einen Erstligaverein, der nicht als Konkurrent gilt und wo der Spieler die Chance hat, in der ersten Elf zu stehen. Er kann dann dort erste Erfahrungen im Profibereich oder überhaupt Spielpraxis sammeln.

Zuletzt funktionierte das sehr gut bei Stefan Reinartz, der alle Stationen in der Jugend durchlaufen hatte, dann aber noch nicht bereit war für den Sprung in die Profi-Elf. Er wurde nach Nürnberg in die 2. Liga ausgeliehen und entwickelte sich dort zum Leistungsträger. Nach nur einer Halbserie rief Leverkusen den Defensivspieler wieder ab und Reinartz schaffte flugs den Sprung ins Profigeschäft. Nürnberg hatte einen Spieler, der mit seiner Qualität die Startelf verstärkt, Reinartz bekam die Spielpraxis und Leverkusen am Ende einen Spieler, der besser ausgebildet ist und mehr Erfahrung auf dem Buckel hat. Reinartz sah diesen Schritt als absoluten Meilenstein in seiner Karriere: »Die Erfahrung war wichtig, mich in einem neuen Umfeld zu beweisen, Spielpraxis zu sammeln. Ich bin Schritt für Schritt gegangen«.[63]

Wer jetzt hier den Vorwurf äußert, dass Spielermaterial beliebig hin und her verschoben wird, der irrt, so Reschke: »Jeder kann sich ausleihen lassen. Gleichzeitig wird niemand gegen seinen Willen verliehen«[64], so die Prämisse bei Bayer. Also am Ende eine echte Win-win-win-Situation für alle Beteiligten.

43. GRUND

Weil man in Leverkusen keine Angst hat, dass uns der Himmel auf den Kopf fällt

Die guten alten Asterix-Comics, wer kennt sie nicht? Das kleine gallische Dorf, das den römischen Invasoren furchtlos Widerstand leistet, bestärkt durch den Zaubertrank des Druiden Miraculix, und am Ende nur Angst hat, dass ihnen der Himmel auf den Kopf fällt. Leverkusen ist nun kein gallisches Dorf und römische Truppen stehen auch nicht mehr vor der Tür. Angst haben muss man heute auch nicht mehr, dass einem der Himmel auf den Kopf fällt.

Dennoch gab es eine Gemeinsamkeit zwischen Leverkusen und den Asterix-Comics, denn einst arbeitete, erstaunlicherweise unter dem Bayer-Kreuz, ein Druide für die Werkself. Dieter Trzolek sein Name im realen Leben, doch in den einschlägigen Medien war er nur als Magier, Hexer und Druide vom Rhein bekannt. Seinen Ruf erarbeitete sich der gelernte Krankenpfleger und Physiotherapeut durch außergewöhnliche Praktiken in der Kurierung von Wehwehchen der Fußballstars. Statt der Salbe oder der Pille aus dem Medizinschrank griff Trzolek zu Blutegeln, Weißkohlwickeln, Ohrenkerzen und Murmeltierfett. Er war es, der in Leverkusen 1986 das erste Kaltwasserbecken der Bundesliga installierte – jetzt findet man so ein Regenerationsbecken bei allen Vereinen. Er behandelte Fußpilz mit Backpulver und Erkältungen mit Zwiebelsocken. Und der Erfolg gab ihm recht. 32 Jahre war er bei Leverkusen aktiv, und fast immer bekam er die Spieler schneller fit als der 08/15-Physiotherapeut, und das nicht mit der Chemiekeule, sondern auf natürlichem Wege. Dennoch verschloss er sich nie der Schulmedizin. »Man muss schon auch mal eine Keule geben«, gibt Trzolek zu. »Man kommt nicht immer mit dem Natürlichen aus. Aber es sollte der erste Versuch sein. Wenn das nicht anschlägt, kann ich immer noch zur Chemie greifen.«[65]

Das alleine hätte aber wohl noch nicht zu seinem Spitznamen geführt. Trzolek trieb es noch doller mit den alternativen Wegen des Wissens. Andrij Voronin kam regelmäßig zu ihm und ließ sich vorhersagen, wann er das nächste Tor schießt. Der Druide pendelte über einer Autogrammkarte des Ukrainers aus, wann er trifft. Und auch das klappte des Öfteren. Inzwischen ist Trzolek im Ruhestand, der aber eher von Unruhe geprägt ist. Nach einem kurzen Gastspiel beim 1. FC Köln – Leverkusens Ex-Trainer Christoph Daum holte ihn auf die andere Rheinseite – betreut er zwar kein Bundesligateam mehr, betreibt aber mit Reiner Calmunds Sohn ein Institut für Leistungsoptimierung im Management und Sport. Trzolek empfahl Calmund übrigens Trennkost – jedoch ohne Erfolg. »Leider hat er lediglich die Teller getrennt, nicht aber das Essen«[66], so der Mann, der noch heute nach dem Motto lebt: »Lieber unwissenschaftlich gesund als wissenschaftlich krank«.

44. GRUND

Weil man als Bayerfan medizinisch bestens versorgt wird

Als Fußballfan saugt man ja alles auf, was zum Lieblingsklub dazugehört. Man verfolgt die Tagespresse, um die neuesten Transfergerüchte aufzuschnappen, durchforstet das Internet, um die Stärken und Schwächen des nächsten Gegners zu erkunden, ordert Trikots mit der Nummer seines Lieblingsspielers und identifiziert sich im besten Fall mit den Sponsoren des Vereins. So dürften sich kleine Jungs, die dem FC Bayern ihr Herz in jungen Jahren schenkten, den Commodore C64 zu Weihnachten gewünscht und die halbstarken Braunschweiger Anhänger ihren Geburtstag mit einer Flasche Jägermeister gekrönt haben. Wolfsburger fahren natürlich nur mit dem neuesten Volkswagen durch die Gegend, und die Dortmunder kaufen ihren Strom bei Evonik.

Blendet man die letzten Jahre in Leverkusen mit Telefonkonzernen oder Solarzellenanbietern als Sponsor aus, freuen sich Bayer-Fans seit Jahren über das medizinische Arsenal an Produkten, das der Mutterkonzern zur Verfügung stellt. Einmal etwas kränkelnd, folgt der Gang zur Apotheke und dort der Griff zum Produkt des Lieblingsvereins. Für alle Fälle hat der Konzern etwas in der Hinterhand. Verliert Leverkusen und der Blutdruck ist zu hoch, gibt es ein Mittel. Kommt es schlimmer und der Herzinfarkt droht, weil die Meisterschaft mal wieder in der letzten Minute vergeigt wurde, gibt es ein Mittel. Depressiv nach zehn Pleiten in Serie? Kein Problem. Der Grillabend im Fanklub und Sodbrennen droht? Ja, auch hier hilft der Sponsor. Das letzte Bier im Stadion war schlecht? Nun, der Pharmakonzern verspricht Linderung.

Wenn also alles schiefläuft rund um das Dasein als Fan der Leverkusener – am Ende bleibt das positive Erleben rund um den Sponsor, denn der hilft in jeder Lebenslage. Wenn jetzt noch die Tablette für das Vizekusen-Syndrom erfunden würde, wäre alles gut. Sowohl für Fans als auch für den Verein und Sponsor. Alle wären glücklich. Man wird ja noch mal träumen dürfen.

45. GRUND

Weil man aus Vizekusen in Leverkusen eine Philosophie machte

Es gibt nur wenige Vereine, die aus ihren vermeintlichen Schwächen eine Stärke machen und selbstironisch mit diesen umgehen. Mainzer und Kölner singen beispielsweise *Wir sind nur ein Karnevalsverein*. In Dortmund und Bochum stimmt man »Ruhrpottkanaken, wir singen Ruhrpottkanaken« an. In Wolfsburg gibt es den Fanklub »Radkappen« als Reminiszenz an den Sponsor auf dem Trikot. Auch in Leverkusen gehört es inzwischen zum guten Ton, die Abhängigkeit zum Werk mit einem Augenzwinkern zu betonen und den vielen Vizetiteln auch etwas Gutes abzugewinnen.

So wurde aus dem grauen Bayer-Klub ganz offensiv die Werkself. Die Kampagne des Vereins kam so gut an, dass sie sogar einen Marketing-Preis gewann. 2010 ging man sogar so weit, dass man sich den Titel »Vizekusen« patentrechtlich unter dem Aktenzeichen 3030100115726 eintragen ließ. Bayer nutzt damit den 2002 entstandenen Ausdruck ganz offensiv und sorgte damit in der Liga für teils ungläubiges Staunen, teils für Bewunderung, weil man so ungeniert und offen mit dem eigenen Scheitern umgeht. »Wir haben uns die Frage gestellt, was können wir mit dem Begriff tun? Und wir wollten verhindern, dass von anderen Schindluder damit getrieben wird«[67], erklärte Bayer-Mediendirektor Meinolf Sprink die Aktion.

Wenn nun ein erneuter Vizetitel droht, kann man immer noch Kapital aus »Vizekusen« schlagen. Man ist gewappnet für den ersten Verliererplatz und kann sich stolz als »Vizekusen« ausrufen. Auch die Fans verinnerlichen immer mehr das selbstironische Image der Werkself und singen nun voller Stolz »Deutscher Vizemeister SVB«, wenn die gegnerische Kurve mit »Ihr werdet nie deutscher Meister« provozieren will. Man darf gespannt sein, wann die Bayern endlich eine passende Antwort auf die »Zieht den Bayern die Lederhosen aus«-Gesänge finden werden, oder ob man dort nicht selbstironisch sein muss.

46. GRUND

Weil Intimhygiene dank Leverkusen kein Tabuthema ist

Am Ende ihres Lebens blicken vermutlich einige Fußballer auf ihre Karriere zurück und schämen sich. Da gab es Rote Karten, die unnötig waren. Interviews mit dummen Äußerungen. Der Vereinswechsel zum Lokalrivalen. Die Kritik am Bundestrainer. Das Techtelmechtel mit der Frau des Mannschaftskollegen. All dies könnten Gründe sein, warum man am Ende seiner Tage noch mal ein bisschen rot im Gesicht werden könnte. Oder man hat eine CD aufgenommen und die bei einer Werbeveranstaltung vorgestellt. Für Intimhygiene.

So geschehen im Jahr 2006. Der Unglücksrabe – Carsten Ramelow. Ramelow hat sich im Laufe der Jahre seinen Status in Leverkusen erarbeitet. Er war nie der große Techniker – eher der Mann fürs Grobe. Er räumte vor der Abwehr auf, war sich für keine Grätsche zu schade und nahm es auch mal in Kauf, dass die Stollen des Gegners ihn trafen. Alles kein Problem für Ramelow. Einer, der immer für die Mannschaft kämpfte, und das zahlten ihm die Fans in der Regel mit Respekt zurück. Auch die Nation blickte auf den großen blassen Mann mit den weißblonden Haaren durchaus wohlwollend. Stellte doch gerade Ramelow 2002 bei der Fußballweltmeisterschaft mit seinen Leistungen vor der Abwehr die Weichen auf den Finaleinzug. Neben Ballack und Schneider war er einer der Leverkusener Garanten für den Vizetitel in Asien.

All das wäre für Ramelow nun kein Grund gewesen, sich für irgendetwas zu schämen. Ein fairer Sportsmann, der seine Leistungen bringt. Aber der halt auch diese CD aufnahm. Ramelow wurde ein gewisses Talent am Mikro nachgesagt, und da er die Möglichkeit hatte, nahm er den Tonträger mit dem Titel *Sing When you're winning* auf. Mit Coverversionen von Lionel Ritchies *Hello*, dem Backstreet Boys-Song *As Long as you love me* und der No-Angels-Interpretation von *Still in love with wou*. Das Cover der CD zeigt Ramelow lässig mit flott frisierten Haaren in einer schwarzen Lederjacke, dazu ein verwegener Verführerblick. Da dies zu einer Zeit war, wo Ramelows Karriere langsam ausklang – also nicht musikalisch, sondern sportlich – nahm der Fußballer auch die Möglichkeit wahr, den ein oder anderen Werbevertrag zu unterzeichnen, und wenn es für einen scheinbar absurden Artikel war.

In Ramelows Fall war es ein Dusch-WC. Bei einer Werbeveranstaltung kam es dann zum Unvermeidlichen. Neben dem Klo wurde auch die CD beworben, und seitdem wissen wir, dass Intimhygiene für Ramelow kein Tabu-Thema ist. Und zur Überraschung einiger war sein musikalisches Talent nicht mal das kleinste. »Ich lasse das jetzt erst einmal ganz locker angehen. Sollte sich dann etwas Gutes ergeben, bin ich gerne bereit und auch gewillt, weitere Lieder aufzunehmen«[68], erklärte er damals, doch von weiteren CDs ist dennoch nichts bekannt. Wer weiß, was Ramelow, der heute für Kredite bei Banken wirbt, heimlich auf den Weihnachtsfesten dieser so schmettert.

47. GRUND

Weil Spieler sich nicht zu schade sind, gegnerische Vereine zu beschimpfen

Fußballspieler sind ja heutzutage komplett weichgespült. Sie sind die perfekten Interviewpartner, wissen sich eloquent auszudrücken und haben zwölf Medienschulungen mitgemacht, damit ihnen nicht irgendein verbaler Fauxpas unterläuft. Die Zeiten, wo Spieler sich direkt nach dem Match über den gegnerischen Verteidiger aufregten, den Schiedsrichter bepöbelten oder den gegnerischen Trainer beschimpften, sind vorbei. Alle sind nett, freundlich und gehen respektvoll miteinander um. Verwunderlich, wenn man bedenkt, dass sich die Spieler in einem Raum bewegen, wo es an der Tagesordnung ist, dass geschimpft, gepöbelt und beleidigt wird. Geht man in die Fankurve des Stadions, so erlebt man eben all dies. Früher schwappte das auch mal auf den Platz und die Spieler über, doch heute sind sich die Akteure zumeist ihrer Vorbildfunktion bewusst.

Umso spannender ist es, wenn die glatten Fußballprofis aus dieser Rolle herausfallen, wie es Michael Ballack passierte. 2011 wurde Ballack nach dem Heimspiel gegen Schalke in die Kurve beordert, um die traditionellen Uffta durchzuführen. Bei der Uffta brüllt der Mann am Megafon, in diesem Fall Ballack, nach einem Sieg der Masse etwas vor, und diese antwortet mit der Wiederholung des Schlachtrufs. Der Vorsinger der Leverkusener Ultras hatte Ballack nun allerdings vorgeschlagen, »Scheiß FC Köln« ins Megaphon zu brüllen, was er auch prompt tat und die Menge mit tosendem Jubel und der Wiederholung der abfälligen Parole quittierte.

Das DFB-Sportgericht hatte diese Aktion jedoch mitbekommen, sodass Ballack später kleinlaut zurückruderte: »Es war sicherlich nicht klug von mir, den Spruch bezüglich des 1. FC Köln zu rufen. Aber dies kann in der Euphorie des Sieges schon einmal passieren, sollte es aber nicht. Deshalb habe ich auch kein Problem damit, mich gegenüber den Fans des 1. FC Köln und dem Verein zu entschuldigen.«[69] Ballack musste trotz Entschuldigung 8.000 Euro Strafe zahlen, denn es sei nicht »mit der Vorbildfunktion eines Nationalspielers zu vereinen, dass er einen in den vergangenen Wochen mehrmals besiegten Gegner in dieser Weise verhöhnt«[70], so das Sportgericht in seiner Begründung. Und was lernen wir daraus? Dass ein bisschen Euphorie einen teuer zu stehen kommen kann.

48. GRUND

Weil es ohne Leverkusen nie die Wutrede von Rudi Völler gegeben hätte

Der geneigte Fußballfan dürfte diesen Abend wohl verpasst haben. Deutschland spielte am 6. September 2003 auf Island in der EM-Qualifikation, und wer schaut schon so ein unwichtiges Spiel gegen einen Fußballzwerg? Ein Spiel, das die deutsche Nationalelf ja normalerweise im Schlaf gewinnen sollte. Also warum den schönen Spätsommerabend am Fernseher verbringen? Da geht man doch lieber raus, grillt und kickt selbst eine Runde. Tatsächlich war das Spiel keine Offenbarung und das Stück Fleisch mitsamt des kalten Bieres dürfte mehr Befriedigung gebracht haben als das müde 0:0-Remis auf der Insel im Nordatlantik. Was aber direkt die Runde machte und bis heute unvergessen blieb, ist ein Interview direkt nach dem Spiel. Zunächst hatten sich Günter Netzer und Gerhard Delling, von den Fans auch liebevoll Waldorf und Statler nach den grantelnden Senioren aus der Muppets-Puppenshow tituliert, über das Spiel aufgeregt. Ein Tiefpunkt sei das gewesen und einem Vizeweltmeister nicht würdig, so die beiden Experten der ARD. Diese Einschätzung hatte der damalige Teamchef der deutschen Nationalmannschaft mitbekommen und trat nun zum Interview bei Waldemar Hartmann an. Der Teamchef war kein Geringerer als Rudi Völler, der ja bekanntlich sein Herz auf der Zunge trägt.

Völler im Trainingsanzug kommt sichtlich genervt ins Studio und versinkt bebend in seinem Stuhl. Hartmann stellt seine erste Frage, die für Völler nur der Startschuss einer unvergesslichen Wutrede wurde. Zunächst rechnet er mit Delling ab. »Delling, das ist eine Sauerei, was der sagt. Die Geschichte mit dem Tiefpunkt, und noch mal ein Tiefpunkt. Da gibt's noch mal einen niedrigen Tiefpunkt. Ich kann diesen Scheißdreck nicht mehr hören.« Und auch Günter Netzer bleibt nicht unverschont an diesem Abend: »Der

Günter (Netzer), was die früher für einen Scheiß gespielt haben, da konntest du doch früher überhaupt nicht hingehen, die haben doch früher Standfußball gespielt.« Hartmann will die Wogen glätten und fragt, warum Völler verbal so scharf um sich schieße, was den Trainer nur noch mehr auf die Palme bringt: »Die Schärfe bringt ihr doch rein. Müssen wir uns denn alles gefallen lassen? Du sitzt hier locker auf deinem Stuhl, hast drei Weizenbier getrunken. Natürlich war das von dem einen oder anderen nicht so, wie ich mir das vorgestellt habe. Es kann doch keiner verlangen, dass wir hierherfahren und die Isländer 5:0 wegputzen. Aber so redet ihr doch alle.« Hartmann schafft es tatsächlich, einigermaßen galant zu kontern, dass er gar kein Weizenbier trinke und dieses sowieso nicht auf Island erhältlich wäre, und versucht, das Gespräch wieder in ruhigere Bahnen zu lenken. Zurück bleibt die wohl bekannteste Wutrede der deutschen Fußballgeschichte, die es ohne Leverkusener Zutun gar nicht gegeben hätte.

Im Jahr 2000, nach einer enttäuschenden Europameisterschaft, bei der die DFB-Elf als Gruppenletzter ausgeschieden war, suchte die Nation nach einem neuen Bundestrainer anstelle von Erich Ribbeck. Der wohl bekannteste und hoffnungsvollste Kandidat war zu diesem Zeitpunkt Christoph Daum, der aber noch bei Bayer Leverkusen unter Vertrag stand. Also stellte sich Rudi Völler, Bayers Sportdirektor, für ein Jahr zur Verfügung, ehe Daums Vertrag auslaufen sollte. Dazu kam es jedoch nicht mehr, da der Werkself-Trainer an der berühmten Kokain-Affäre und den Worten »Ich habe ein absolut reines Gewissen« scheiterte und vorzeitig seine Koffer bei Bayer packen musste. Völler bekam einen unbefristeten Vertrag beim DFB, und so kam es letztlich zur Wutrede von Island.

49. GRUND

Weil hoffnungsvolle Nachwuchstalente im Zweifelsfall bei Exprofis unterkommen

Es war das Jahr 2000, als Rüdiger Vollborn ein hoffnungsvolles junges Torwarttalent entdeckte. Bei einem DFB-Lehrgang stach ihm ein 15-jähriger Jugendlicher ins Auge, der schon in diesen jungen Jahren etwas Besonderes hatte. Eine Strahlkraft, die man von einem 15-Jährigen nicht erwarten kann, dazu eine ungeheure Ruhe und eine außergewöhnliche Sprungkraft, wie sich Rüdiger Vollborn 13 Jahre später erinnert. »Ich habe den künftigen Nationaltorwart gesehen.« René Adler. Und Vollborn sollte recht behalten, was sicherlich der besonderen Pflege des Leverkusener Torwarttrainers zuzuschreiben ist. Denn der war sich nicht zu schade, den jungen Mann bei sich zu Hause aufzunehmen.

Sechs Monate nach dem Lehrgang beim DFB will Leverkusen Adler vom VfB Leipzig verpflichten. Gegen den Rat von Rüdiger Vollborn, der damals meinte, dass es zu früh wäre, schon so jung von zu Hause auszuziehen. Doch Adler entscheidet sich dagegen und beschließt tatsächlich, zu Bayer zu wechseln. Die Verantwortlichen in Leverkusen suchen zunächst eine Pflegefamilie für Adler, doch dieses Unterfangen gestaltet sich schwieriger, als gedacht. Erst Jörg Daniel, damals Trainer der DFB-U15-Nationalmannschaft, schlägt Vollborn vor, dass er doch Adler bei sich aufnehmen könne. »Mit diesem Vorschlag bin ich dann zu meiner Frau und habe sie gefragt, was sie davon halte. Sie entgegnete nur: ›Du willst ihn doch schon die ganze Zeit‹«, berichtet Vollborn mit einem Schmunzeln.

Innerhalb von 24 Stunden schmiedete der Verein mit Vollborn einen Plan, wie man den Nachwuchsspieler unterbringen könnte. Der Dachboden wird ausgebaut und der Grundstein für eine erfolgreiche Zusammenarbeit zwischen Adler und Vollborn ist gelegt. Auf dem Dachboden lebte er vier Jahre, ehe er seine erste eigene

Wohnung bezieht. »Ich hatte nie die Sorge, dass es mit René nicht klappt«, beschreibt Vollborn seinen außergewöhnlichen Entschluss, einen Spieler langfristig bei sich aufzunehmen, »wir kannten ihn ja schon eine Zeit und er hat immer einen sehr netten und wohlerzogenen Eindruck gemacht.« Auch Vollborns Söhne hatten nie ein Problem mit Adler, der einfach ein großer Bruder wurde, mit dem man Nintendo spielen konnte.

Die einzige Sorge für Vollborn bestand nicht darin, dass Adler nicht in die Familie passe, sondern dass sich Adler unter seiner Führung nicht so entwickeln könnte, wie der Verein dies vorgesehen hatte: »Die Erwartung war schon da, dass aus so einem talentierten Torhüter auch ein Bundesligatorhüter wird, aber die Verantwortung lag ganz allein bei mir«, so Vollborn. Mit dem Druck konnte er gut umgehen, denn Adler wurde 2007 tatsächlich Bundesligatorhüter, als er als Ersatz für den rotgesperrten Hans-Jörg Butt gegen Schalke auflief und wohl eins der besten Spiele seiner Karriere ablieferte. Ein Jahr später, am 11. Oktober 2008, debütiert Adler dann tatsächlich auch im Tor der Nationalmannschaft gegen Russland.

Vollborns Gespür trügte ihn also im Jahr 2000 nicht, als er Adler als kommenden Nationalspieler entdeckte. Im März 2010 wurde Adler dann sogar zum Stammtorhüter für die Weltmeisterschaft in Südafrika bestimmt, doch eine Rippenverletzung kurz vor der WM warf ihn zurück und Manuel Neuer übernahm seinen Platz. Inzwischen ist Adler beim Hamburger SV untergekommen und ist auch wieder im Kader der Nationalelf.

50. GRUND

Weil man für einen Kurzauftritt von Theofanis Gekas 1.000.000 Euro bekam

Er war »der Blitz vom Olymp« und der »griechische Gott«. Theofanis Gekas war einst die Lebensversicherung des VfL Bochum und schoss sich mit 20 Treffern an die Spitze der Torjägerliste in der Saison 2006/2007. Gekas passte perfekt ins Konzept des Aufsteigers, die einen schnellen und abschlussstarken Konterstürmer für ihr Spiel benötigten. Durch den Erfolg des Griechen, der auch regelmäßig für sein Nationalteam traf, wurde Bayer Leverkusen auf Gekas aufmerksam. Dort sehnte man sich nach einem würdigen Nachfolger des Bulgaren Dimitar Berbatow. Dessen Abgang konnte in der Vorsaison nicht durch Andrij Woronin kompensiert werden, und schließlich sah man sich als Verein mit Stürmertradition. Wer einst einen Ulf Kirsten hervorgebracht hatte, brauchte nun einen Torjäger von Format und nicht einen 10-Tore-Stürmer. So verpflichtete Bayer Leverkusen den Griechen Theofanis Gekas.

Es folgten drei Jahre, die den einstigen griechischen Gott vom Olymp steigen ließen. Nach einer ordentlich ersten Saison, in der er elf Tore für die Werkself erzielte und zur Stammelf gehörte, folgten zwei bittere Jahre. Zunächst wurde er aus der Stammelf gedrängt und schließlich verliehen. Man warf Gekas vor, nicht mannschaftsdienlich zu spielen, zudem passte er selten ins taktische Konzept der Leverkusener. Während er in Bochum vom Konterspiel eines Abstiegskandidaten und Underdogs profitierte, litt sein Spiel unter der von Ballbesitz geprägten Ausrichtung des Bayer-Spiels. Er arbeitete selten nach hinten mit, und seine gelaufenen Kilometer im Spiel ließen sich an einer Hand abzählen.

Es kam, wie es kommen musste: Traf er wenigstens zu Beginn seiner Zeit in Leverkusen noch, auch wenn er nur zwölf Ballkontakte pro Spiel hatte, wirkte er irgendwann isoliert und glücklos. Gekas passte nicht mehr zu Bayer, aber insgeheim hoffte man noch, dass der Grieche seine Blitze wieder aus dem Köcher holen würde, also verlieh man ihn zur Rückrunde der Saison 2008/2009 nach Portsmouth. Leverkusen bekam 1.000.000 Euro und Portsmouth zumindest die Option, Gekas nach der Saison zu kaufen. Für Portsmouth war dies wohl eines der teuersten Geschäfte, die es je gemacht hatte. Gekas spielte gerade einmal eine einzige Minute für den Premier-League-Club. Eine Minute – 1.000.000 Euro. Würde man den durchschnittlichen Bundesligaprofi mit diesem Gehalt versehen, würde selbst der reichste Scheich früher oder später Insolvenz anmelden. So war es auch klar, dass Gekas wieder zurückkommen würde, da er sich nun nicht gerade für einen Kauf in England empfohlen hatte.

Nach einer erneut erfolglosen Vorrunde wurde Gekas noch einmal verliehen. Dieses Mal an Hertha BSC, ehe er im Mai 2010 einen Vertrag in Frankfurt unterzeichnete. Damit verschwand Gekas endgültig von der Gehaltsliste des Bayer-Konzerns. In Frankfurt spielte der Grieche dann zwei Jahre – es folgten Engagements in Samsunspor und bei UD Levante. Seit 2013 spielt er in der türkischen Süper Lig bei Akhisar Belediyespor und hat endlich wieder seinen alten Torriecher entdeckt. Gekas sicherte dem Verein den Klassenerhalt, und wer das große Videoportal bemüht, findet gesungene Hymnen seiner Mannschaftskollegen auf ihn. Die Blitze fliegen wieder.

51. GRUND

Weil es auch im Mutterland des Fußballs Leverkusen gibt

Es gibt Geschichten, die sind so schön, dass man sie sich gar nicht ausdenken kann. So zum Beispiel die vom FC Barton Leverkusen. Im Jahr 2011 tafen sich sechs Engländer aus dem beschaulichen Dörfchen Barton zusammen, um einen Fußballverein zu gründen. Soweit nichts Besonderes. Menschen, die gerne zusammen etwas unternehmen, gründen einen Verein und das im Mutterland des Fußballs. Na – wen wundert's? Spannender wurde es da schon bei der Namensfindung. In Deutschland heißen Vereine gerne mal Eintracht, Borussia oder Ballsportverein plus den zugehörigen Ortsnamen. In England hält man es in der Regel nicht viel anders. In Barton, einem 500-Seelen-Dörfchen im Süden Englands, ticken die Uhren aber ein klein wenig anders. Nach einigen Diskussionen zwischen den sechs jungen Männern entschied man sich für den außergewöhnlichen Namen FC Barton Leverkusen. Warum? Rob Grundy erklärt wieso: »Erst einmal lieben wir die deutsche Fußball-Bundesliga, und als Leverkusen 2011/2012 in der Champions League in London gegen Chelsea spielte, war das für uns etwas sehr Besonderes.«[71]

Doch damit nicht genug. Barton hört sich zusätzlich im Englischen an wie Bayer. Auch spielten weitere persönliche Vorlieben mit in die Namensgebung ein, so Grundy. »Ich bin, seit ich klein bin, Fan des FC Liverpool, und da ist Sami Hyypiä natürlich eine Ikone. Er hat zehn Jahre für meinen Lieblingsverein gespielt und gilt hier in England nicht nur unter den Liverpool-Fans als Fußballlegende. Und jetzt habe ich eine weitere, eben etwas andere Verbindung zu seinem Verein.«[72] Als ob das nicht genug Ähnlichkeiten und Bezüge zu Bayer Leverkusen wären, entschied man sich auch noch, Aspekte des Vereinslogos zu übernehmen. Allerdings rahmen die Löwen im Emblem des FC Barton Leverkusen nicht das Bayerkreuz ein, sondern einen Fußball. Beim Fußballspielen ist man dann aber nicht ganz so ambitioniert. Der Klub spielt in der Yeovil & District League. Wem dies nichts sagt, muss sich nicht grämen, denn im Ranking der englischen Fußballligen findet man die Spielklasse auf Rang 14. Es geht hauptsächlich um den Spaß.

Spaß hatte man dann auch bei einem ersten Ausflug nach Leverkusen, um ein Spiel des Bundesligisten zu beobachten. Im April machte man sich auf, um der Partie gegen Wolfsburg beizuwohnen. Das Spiel ging verloren, was aber die Schönheit der Reise nicht schmälerte.

52. GRUND

Weil man dank Leverkusen den ersten Brasilianer im DFB-Team bewundern durfte

Brasilien und Leverkusen – das ging nahezu immer. Wenn ein bestimmter Spielertyp im Aufgebot der Bayerelf fehlte, düste man flugs nach Brasilien und organisierte sich einen talentierten Zuckerhutzauberer, der in der Folgesaison dann seine fußballerischen Qualitäten in der Bundesliga präsentierte. So ähnlich lief das auch bei Paulo Roberto Rink ab, der in der Saison 1997/1998 von Atlético Paranaense als 24-jähriger Vollblutstürmer nach Leverkusen wechselte. Dort brauchte er auch nicht lange, um sich zu akklimatisieren. Im ersten Spiel der Saison wurde er noch eingewechselt für Jens Nowotny, nur drei Spieltage später erzielte er als Joker seinen ersten Bundesligatreffer, und es sollen noch einige folgen.

Rink, der geduldig auf seine Chancen in der Startelf wartet, braucht nicht lange, um seine Tore zu schießen. 17-mal wird er eingewechselt, zwölfmal steht er in der Startelf, neun Tore und vier Assists verbucht der Brasilianer. Dass es nicht zu mehr langt, liegt wohl an Ulf Kirsten, Leverkusens Jahrhundertstürmer, an dem Rink nicht vorbeikommt, und am Holländer Erik Meijer. 1998, kurz nach einer für Deutschland enttäuschenden Weltmeisterschaft in Frankreich, entschließt sich der DFB, bei Rink vorstellig zu werden. Der habe einen deutschen Großvater, der 1904 von Heidelberg nach Brasilien ausgewandert war. Rink beantragt die deutsche Staatsbürgerschaft und steht am 2. September 1998 tatsächlich im Aufgebot der deutschen Nationalelf. Ein Brasilianer im DFB-Dress.

Es folgen zwölf weitere Einsätze für Deutschland, in einer Zeit, die von großer Depression im deutschen Fußball geprägt ist. Bei der Fußballeuropameisterschaft ist Rink der einzige Stürmer, der in allen Vorrunden-Spielen dabei ist. Es nützt nichts. Das DFB-Team scheidet nach nur drei Spielen aus. Wenige Monate später absolviert Rink dann sein letztes Länderspiel für Deutschland gegen Griechenland. In 13 Spielen trug er das Trikot mit dem Adler auf der Brust, doch das, woran Stürmer nun mal gemessen werden, nämlich Tore, gelingt ihm nicht.

Den brasilianischen Glanz kann er nicht versprühen. In Leverkusen bleibt Rink bis 2002. Der Durchbruch zum Stammspieler gelingt ihm nicht mehr, dennoch war er immer ein Spieler, der sich nie aufgab und auch von der Bank immer für einen Treffer gut war. Es folgen Stationen in Nürnberg und Cottbus, ehe Rink Gastspiele bei zyprischen und holländischen Vereinen absolviert. 2007 beendet er seine Karriere bei seinem Heimatverein in Brasilien Atlético Paranaense. Der Kreis schließt sich für Rink. Der einzige Brasilianer, der je ein Trikot der deutschen Nationalelf trug.

53. GRUND

Weil man in Leverkusen selten Spaß versteht und das trotzdem gut sein kann

Dirk Heinen hatte in seiner Karriere nicht immer was zu lachen. Der Torhüter, der von 1989 bis 1999 zehn Jahre in Leverkusen unter Vertrag stand, zog sich auf dem Höhepunkt seiner Karriere 1998 einen komplizierten Schädelbruch zu. In einem Testspiel gegen Arminia Bielefeld prallt er mit einem Gegenspieler zusammen und entgeht nur knapp bleibenden Hirnschäden. Den Stammplatz in Bayers Elf ist er dennoch los. Er spielt danach zwei mehr als solide Jahre in Frankfurt, ehe er in die Türkei wechselt. Danach folgt der Wechsel nach Stuttgart, wo er über Jahre nur die Nummer zwei oder drei war. Wie einst in Leverkusen, als er jahrelang im Schatten seines guten Freunds Rüdiger Vollborn auf der Bank saß. Als es dann richtig rundlief, kam der schwere Unfall und auch in Stuttgart ereilte ihn eine Verletzung. Ein Achillessehnenriss wirft ihn 2006 sportlich erneut weit zurück. 2007 beendet Heinen dann seine Karriere, als Deutscher Meister beim VfB Stuttgart. Zwar nur auf der Ersatzbank, aber als Teil des Teams. Heinen hütet eine Zeit lang dann keine Tore, sondern Schafe in Irland, doch der Spaß am Fußball bleibt ihm erhalten.

Als sich in Bielefeld Stammkeeper Rowen Fernandez verletzt, unterschreibt der Exil-Ire einen Halbjahresvertrag bei den Ostwestfalen. Lange sieht es so aus, als ob Heinen weiter die Rolle des Bankdrückers ausfüllen muss, doch als sich Fernandez dieses Mal während eines Spiels verletzt, springt Heinen ein und rettet Bielefeld in der letzten Minute des Spiels mit einer Glanzparade einen Punkt. Es bleibt Heinens letzter Auftritt als Keeper.

Trotz seiner etwas verkorksten Karriere hatte Heinen immer den Blick fürs Wesentliche und sah stets die positiven Seiten. Legendär bleibt seine Reaktion auf die Nationalmannschaftsnominierung 1995, als er für Oliver Kahn nachrücken sollte. Dieser war so kurzfristig mit einer Magenverstimmung ausgefallen, dass Berti Vogts für das Spiel im Ulrich-Haberland-Stadion händeringend nach einem Keeper suchte. Warum dann auch nicht direkt vor Ort schauen, denn Bayer hatte mit Heinen einen exzellenten Schlussmann in seinen Reihen.

Reiner Calmund überbrachte Heinen dann die frohe Kunde, dass er erstmals im Kader der Nationalmannschaft stehe, doch dieser glaubte an einen üblen Scherz des Managers. »Ich saß zu Hause beim Kaffeetrinken. Als ich Herrn Calmunds Anruf bekam, habe ich gedacht, ist das jetzt *Versteckte Kamera* oder was?«[73] War es nicht und Heinen wurde kurze Zeit später mit einer Polizeieskorte ins Stadion gefahren und zurück bleibt die Erinnerung, dass man in Leverkusen von einem Scherz ausgeht, wenn einem etwas Gutes widerfährt.

54. GRUND

Weil Leverkusen Jens Lehmann mit der S-Bahn nach Hause schickte

Eine der kuriosesten Storys der Bundesliga-Geschichte verdanken wir Bayer Leverkusen. Eine Anekdote, die man immer wieder gerne an den Stammtischen der Republik erzählt und die zu sämtlichen runden Geburtstagen der Liga frisch serviert wird. »Weißt du noch damals, als Lehmann mit der S-Bahn nach Hause fuhr?« Ja, Jens Lehmann fuhr einst mit der S-Bahn nach Hause. Aus Leverkusen. Während eines Spiels. Und die Werkself hat ihren Anteil daran.

Es war im Oktober 1993, als es um Schalke in der Bundesliga alles andere als gut stand. Tief im Tabellenkeller entließen die Knappen ihren Trainer Helmut Schulte, der mit einem eigentlich ordentlichen Team gerade mal fünf Punkte an elf Spieltagen eingefahren hatte und zusätzlich ein katastrophales Torverhältnis von −12 zu verantworten hatte. Die Liga wurden in diesen Tagen wenig dominiert und wartete mit Frankfurt, Bremen, Bayern, Duisburg und Kaiserslautern mit vier mittelgroßen Überraschungen in den Top 5 der Liga auf. Der amtierende Pokalsieger aus Leverkusen rangierte nur auf Platz 7 der Tabelle.

An diesem Oktobertag, dem 12. Spieltag der Spielzeit 1993/1994, empfing nun Leverkusen Schalke mit seinem neuen Trainer Jörg Berger, der auch besser als »Retter der Liga« bekannt war. Berger sollte die Blauweißen aus dem unruhigen Wasser der Abstiegsplätze schiffen und wieder in Richtung Tabellenmittelfeld manövrieren, was, so viel sei gesagt, er so gerade bis zum Ende der Saison auch schaffte.

Schulte, Bergers Vorgänger, hatte in dieser Saison bisher auf Jens Lehmann als Torwart gesetzt und das, obwohl die Fans Holger Gehrke forderten. Lehmann war zwar schon seit Jahren im Verein, doch beim Publikum hatte der junge Keeper noch einen schweren Stand. Auch an diesem Tag wurde Lehmann mit vereinzelten »Gehrke, Gehrke«-Rufen in der ausverkauften BayArena von den mitgereisten Fans begrüßt.

Die Werkself hatte einen wirklich außerordentlich guten Tag gegen die Knappen erwischt. Ein Team, dass mit Spielern wie Christian Wörns, Franco Foda, Ioan Lupescu, aber auch einer exzellenten Offensivabteilung um Andreas Thom, Paulo Sérgio, Bernd Schuster und Ulf Kirsten gespickt war. Vor 22.900 Besuchern spielte Bayer Katz und Maus mit Schalke und führte den Gegner phasenweise vor. Ulf Kirsten traf nach 20 Minuten zum 1:0, zwei Minuten später erhöhte Paulo Sérgio zum 2:0, und wiederum Kirsten bugsierte das Spielgerät noch mal nur fünf Minuten später zum vorentscheidenden 3:0 ins Tor.

Es sollte für Jens Lehmann der letzte Treffer gewesen sein, den er an diesem Tag kassierte. Jörg Berger griff zu einer eher ungewöhnlichen Methode und wechselte den 23-Jährigen schon in der Halbzeit aus. Schalke nützte es nichts, denn am Ende mussten die Westfalen mit 5:1 die Segel in Leverkusen streichen.

In der Pause kam es dann zum folgenschweren Dialog zwischen Jörg Berger und Jens Lehmann, der den Trainer fragte, was er denn nun machen solle. »Wir sehen uns morgen«, erklärte Berger, was Lehmann als Aufforderung verstand, das Stadion zu verlassen. »Ich dachte, mein Bruder Jörg würde vor den Toren auf mich warten, wie er es ein Jahr zuvor bei meiner Verletzung schon einmal tat. Handys gab es damals bekanntlich noch nicht. Also fragte ich die Ordner nach dem nächsten Weg zum Bahnhof.«[74]

Bruder Jörg war nicht da, also trottete er zum Leverkusener S-Bahnhof. Dort angekommen, erkundigte er sich nach dem nächsten Zug nach Essen, wo er wohnte, und stellte zusätzlich fest, dass er nicht einmal Geld dabeihatte. Einen älteren Herrn, den er vom Schalke-Training kannte, pumpte er um fünf Mark an und fuhr so letztlich nach Hause. Mit der S-Bahn. Wie das Spiel ausgegangen war, wusste Lehmann dann natürlich noch nicht. »Ich schaltete um

18.00 Uhr den Fernseher an und erfuhr aus der *Sportschau*, dass wir das Spiel 1:5 verloren hatten. Den älteren Herrn habe ich nie mehr wiedergesehen, um ihm die fünf Mark zurückgeben zu können.«[75]

So wurde Leverkusen Teil einer der kuriosesten Geschichten der neueren Bundesliga-Historie.

55. GRUND

Weil #StärkeBayer eine ganz eigene Dynamik bekam

Fast jeder Spieler, auch bei Bayer Leverkusen, hat inzwischen eine eigene Facebook-Seite. Da bekommt man Bilder aus dem Mannschaftsbus oder die Fußballer mit ihren Autos zu sehen. Sie äußern sich ohne Presse direkt zu Spielen oder Vorkommnissen im Umfeld des Vereins. Sie veranstalten Gewinnspiele und erzählen auch manchmal Unfug. Die sozialen Medien halt. Ein kleines bisschen Anarchie und Freiheit weht durch die Profiwelt, und die Fans freut das, weil man ab und an ungeschminkt etwas über die Stars erfährt.

Ganz vorne mit dabei ist in Sachen Social Media Stefan Kießling. Der Stürmer weiß die neue Art der Kommunikation bestens zu nutzen und wirkt dabei sehr authentisch. Man hat nie das Gefühl, dass da ein Berater oder eine Marketingagentur im Hintergrund sitzt und Kießling die Sätze vorsagt. So erfährt man von dem Torschützenkönig immer mal wieder etwas über die Stimmung im Team und wie die Mannschaft die Fans wahrnimmt. So ist Kießlings Facebook-Auftritt immer ein guter Gradmesser, wie es um Leverkusen bestimmt ist.

Ein weiterer Spieler im Leverkusener Team machte derweil ganz anders auf sich aufmerksam. Giulio Donati, Rechtsverteidiger, der im Jahr 2013 verpflichtet wurde, eroberte die Herzen der Fans auf ganz charmante Weise. Der Italiener zeigte von Beginn an seine große Begeisterung für Bayer Leverkusen und postete regelmäßig Bilder rund um seinen Werdegang in der Werkself. Dies ist nun noch nichts Besonderes, doch Donatis Posts erlangten in Fankreisen innerhalb kürzester Zeit Kultstatus.

Um auch seine deutschen Fans anzusprechen, nutzte Donati wohl eine Internet-Übersetzungsmaschine. Die Äußerungen des Italieners wurden so auf seiner Facebook-Seite in etwas holprigem Deutsch veröffentlicht. In Italien ist der Ausruf »Forca« sehr beliebt und so übersetzte Donatis Hilfsmittel »Forca Bayer« mit »Stärke Bayer«, was natürlich im deutschsprachigen Raum etwas seltsam klingt. Davon ließ sich Donati jedoch nicht abbringen, und die Fans nahmen dies auf, indem sie nahezu jede Äußerung zu ihrem Lieblingsteam in den sozialen Medien mit dem Hashtag #stärkebayer versahen. Allein während des Champions-League-Auftakts der Leverkusener bei Manchester United wurde der Hashtag mehrere Hundertmal verwendet und dies dank Giulio Donati. Dessen Eifer und hemmungslose Begeisterung für den Verein und sein neues Gastland nahmen die Werkself-Fans auf und honorierten dies mit dem neuen digitalen Schlachtruf #stärkebayer.

Beim Heimspiel gegen Hannover am 7. Spieltag der Spielzeit 2013/2014 war dann auch erstmals ein Banner mit der Anfeuerung zu sehen.

KAPITEL 6

WIR WERDEN IMMER MEHR

DIE FANS IN LEVERKUSEN

56. GRUND

Weil Leverkusener Fans das legendäre Bayer-Kreuz retteten

Eine Fahrt auf der Bundesautobahn 3 ist ein tristes Unterfangen. Die zweitlängste deutsche Autobahn mit 778 Kilometern führt von Emmerich-Elten in Nordrhein-Westfalen bis nach Neuhaus am Inn in Bayern. Eine typische graue Autobahn, die achtspurig ist. Attraktionen sind eher rar, wenn man von einer Fahrt unter dem Duisburger Zoo hindurch mal absieht. Problem ist da nur, dass das Auge nichts davon mitbekommt. Man fährt unter dem Zoo durch. Keine Giraffen und keine Affen sind da zu sehen.

Ganz anders ist das beim Bayer-Kreuz. Das Wahrzeichen des Bayer-Werks, erstmals 1933 errichtet, nach zwischenzeitlicher Demontage während des Zweiten Weltkriegs 1958 wieder aufgebaut, ist eines der Monumente, die wohl noch am ehesten auf der A3 im Gedächtnis hängen bleiben. »Wie das Kreuz des Südens dem Seefahrer richtunggebend und Hoffnung spendend leuchtet, so soll dieses Kreuz des Westens im Herzen des deutschen Industriezentrums dem deutschen Kaufmann, dem deutschen Unternehmen und dem deutschen Arbeiter aufleuchten als Zeichen unseres Mutes und unserer Zuversicht«[76], erklärte einst Bayer- beziehungsweise IG-Farben-Chef Carl Duesberg bei der Errichtung. Zwei 120 Meter hohe Stahlmasten halten das Logo von Bayer. Der Durchmesser 51 Meter und zu Beginn noch mit 1.710 Glühbirnen bestückt, lassen diese den Namen des Chemiekonzerns auch in der Nacht noch in fünf Kilometer Entfernung erkennen.

2007 überlegte sich das Bayer-Werk, dass nun dieses Wahrzeichen abgebaut werden solle. Ein Sturm der Entrüstung brach los, und die Fans des Fußballvereins Bayer Leverkusen machten sich auf, das Kreuz mit Strahlkraft zu retten. Die Fan-Initiative SVB und die Ultras Leverkusen hatten eine Unterschriftenaktion gestartet, denn schließlich wies ja das Kreuz den Weg nach Hause in die Heimat, war Wahrzeichen und Identifikationsobjekt vieler Leverkusener, gerade der Bayer-Fußballfans. So viel Herzblut hatte man den Anhängern des oft gescholtenen Retortenclubs nicht zugetraut. Man organisierte Listen, gab Konzerte, Lieder wurden gedichtet und sogar eine Demonstration organisiert. Am Ende überreichten die Fußballfans Oberbürgermeister Ernst Küchler über 20.000 Unterschriften, damit dieser seinen Einfluss bei Bayer geltend macht. Dieser war jedoch schon zwei Tage zuvor nicht mehr nötig gewesen, denn der Weltkonzern hatte von dem Aufbegehren des Volkes Wind bekommen und sich überzeugen lassen, dass das Kreuz da bleiben muss, wo es hingehört: an die Autobahn A3. Bürgermeister Küchler freute sich über die Aktion, schließlich sei es ja auch ein Votum für seine Stadt: »Das Kreuz ist ein bedeutsames Symbol der Stadtgeschichte und offensichtlich haben die Menschen der Stadt Angst vor dem Heimatverlust.«[77]

Der Heimatverlust wurde verhindert. Das Bayer-Kreuz wurde inzwischen modernisiert, denn Glühbirnen gibt es nicht mehr. Stattdessen wurden die 1.710 Leuchtkörper durch Leuchtdioden ersetzt, die auch noch 80 Prozent Energie gegenüber den alten Birnen sparen.

Also findet noch heute jeder Bayer-Fan Abend für Abend den Weg nach Hause nach Leverkusen. Mit zwei Ausnahmen, denn im Frühjahr und im Herbst wird zwischen 22.00 Uhr und 4.00 Uhr das Licht ausgestellt. Die Zugvögel würden sonst nämlich auf ihren Reisen irritiert. Immerhin. Heutzutage hat ja eh fast jeder ein Navigationsgerät. Außer die Zugvögel, und die wollen auch wieder heim.

57. GRUND

Weil man jüngst Fans für ihre Fahrt nach Trondheim entlohnte

Leverkusen und die Fans sind immer ein schwieriges Thema. Anhänger von gegnerischen Teams lachen gerne über die 500 Auswärts-Fans, die mit zu Spielen in der Fremde fahren, und die BayArena ist auch nicht immer ausverkauft. Doch Rüdiger Vollborn, ehemaliger Spieler und Fanbeauftragter von Bayer Leverkusen, sieht dennoch eine positive Entwicklung und blickt positiv in die Zukunft, wie er mir in einem persönlichem Gespräch mitteilte: »Vor 20 Jahren haben wir noch vor 8.000 Zuschauern gespielt. Damals habe ich gesagt, wenn die alle ihre Kinder mit dem Bayer-Gen ›infizieren‹, dann haben wir heute, wenn alles gut läuft, 20.000 Zuschauer bei den Heimspielen.« Und so gesehen, sind Vollborns Erwartungen sogar übertroffen worden. 28.120 Besucher gab es im Durchschnitt bei den Heimspielen der Leverkusener in der Saison 2012/2013, »und wenn das so weitergeht, ist das Stadion demnächst immer ausverkauft«, freut sich der Fanbeauftragte.

Das, was noch nicht so gut läuft, sind Auswärtsfahrten wie zum Beispiel in der UEFA Europa League, in der Bayer in der Saison 2012/2013 spielte. So reisten gerade mal 27 Fans nach Trondheim, um ihre Mannschaft 1:0 im Gruppenspiel gegen Rosenborg siegen zu sehen. Drei, die mit dabei waren, sind Christopher Larem, Jannis Carmesin und Leonard Missbach, die von der außergewöhnlichen Stimmung bei diesem Spiel begeistert waren. »Es war definitiv ungewöhnlich. 90 Prozent der Fans kannten sich gegenseitig, dementsprechend intim und freundlich war auch die Atmosphäre im Block«, beschreibt Carmesin die Situation beim Spiel. »Ich glaube, wir haben teilweise so hemmungslos supportet wie nie und haben uns neue Gesänge für einzelne Spieler überlegt. Definitiv eine der besten Touren überhaupt.«

Doch damit nicht genug, denn die Tour wurde für die 27 Fans noch besser, als der Fanbeauftragte Andreas »Paffi« Paffrath einen Anruf aus Leverkusen bekam. Geschäftsführer Wolfgang Holzhäuser war am Apparat und ordnete an, dass die Hartgesottenen, die mit nach Trondheim gefahren waren, Freikarten für das nächste Europapokal-Spiel gegen Benfica Lissabon im Achtelfinale bekommen sollten. Missbach freute sich über die Geste des Geschäftsführers: »Die Aktion fand ich natürlich gut, schließlich konnte ich so entspannt nach Lissabon fliegen, und es war ein Zeichen dessen, dass man uns und unseren besonderen Einsatz registriert hatte«, fügt jedoch hinzu, »ich mich aber auch nicht beschwert, wäre diese Aktion nicht zustande gekommen. Keiner aus der Gruppe fuhr nach Norwegen, um in die nächste Runde eingeladen zu werden, sondern um seinen Urlaub unter anderem damit zu verbringen, den Verein zu sehen.«

Fraglich bleibt am Ende, warum nur so wenige mit nach Trondheim fuhren, doch darauf hat Larem eine plausible Antwort: »Auf der einen Seite sind solche Touren natürlich sehr zeit- und kostenintensiv. Und damit für viele (gerade junge) Fans einfach nicht zu stemmen. Ein anderer Faktor war, dass wir zwei Jahre zuvor bereits in Trondheim gespielt haben. So haben sich viele Allesfahrer diese Tour einfach gespart, um mehr Kapazitäten für kommende Touren zu haben.«

Es gibt sie also in Leverkusen. Mal sind es mehr, mal sind es weniger. Die Fans, die einen Verein ausmachen und die mit zu jedem Spiel fahren. Und sei dies noch so kompliziert wie gegen Trondheim. Der Verein registriert jeden dieser kleinen Truppe. Wenn das nichts ist.

58. GRUND

Weil man in der Fanszene eine der schönsten Choreografien der letzten Jahrzehnte inszenierte

Besondere Spiele brauchen besondere Choreografien. Gemäß diesem Motto hatten sich in der Winterpause der Spielzeit 2010/2011 der Fanklub Mad Boys, der AK Stimmung und die Ultras Leverkusen zusammengetan, um den Rückrundenauftakt entsprechend vorzubereiten. Borussia Dortmund sollte am 18. Spieltag in die BayArena kommen und somit den würdigen Startschuss in das neue Fußballjahr geben. Was gibt es Besseres, als wenn der Tabellenführer aus Dortmund in der BayArena auf den Herausforderer aus Leverkusen trifft? Die Westfalen lagen zu diesem Zeitpunkt der Saison mit zehn Punkten vor Bayer, und ein Sieg der Leverkusener hätte frischen Wind in den Meisterschaftskampf gebracht. Doch schon der Gebrauch des Konjunktivs lässt erahnen, dass es anders kam. Dennoch bleiben von diesem Spiel vor allem das wunderbare Rahmenprogramm und der Einsatz der Fans zu erwähnen. Eine bemerkenswertere Choreografie hatte man in Leverkusen noch nie gesehen.

Während die Mannschaft also bei Gänsebraten unter dem Weihnachtsbaum weilte, schwangen die Fans Stift, Papier, Schere und allerhand andere Bastelutensilien, um ihre Unterstützung im Meisterschaftskampf auszudrücken. Heraus kam eine an die *Star Wars*-Serie angelehnte Choreografie, die ihresgleichen sucht. Schon beim Einlauf erwartete die Fans nicht die übliche *Bitter Sweet Symphony* von The Verve, sondern die Titelmelodie des Science-Fiction-Klassikers. Knapp 3.000 Zuschauer beteiligen sich im C-Block an dem eingeübten Schauspiel, dass sogar die Dortmunder beeindruckt haben dürfte, die sonst einiges gewohnt sind. So wurde das Universum durch schwarze Pappen im unteren Teil des Blocks dargestellt. Vereinzelt prangen Sterne und kleine Planeten im Dunkel des

Alls. Darüber thronen die Werkskrieger. Eren Derdiyok als Android C3PO; Tranquillo Barnetta, Stefan Kießling, Michael Ballack, René Adler, Arturo Vidal, Sami Hyypiä und Simon Rolfes als Ritter des Lichts angelehnt an die Jedi.

Das vom Heimblock aufgeputschte Stadion unterstützt an diesem Tag auch so lautstark ihr Team, doch am Ende soll es nicht reichen. Die Werkskrieger sind an diesem Tag müde und müssen der dunklen Seite der Macht Platz machen. Da konnte die Choreografie noch so schön sein, es reichte nicht. Dortmund gewann deutlich mit 3:1 und baute den Vorsprung im Meisterschaftskampf auf 13 Punkte aus. Für die Borussia reichte dies, um am Ende Meister vor Leverkusen zu werden. Für die meisten dürfte dieser Tag trotz Niederlage unvergessen bleiben, denn die Choreografie der Leverkusener war unbestritten ein echtes Meisterstück.

59. GRUND

Weil Leverkusen eine wunderbare Fanfreundschaft mit Offenbach verbindet

Alles begann mit einer unschönen Szene. Dass daraus dann eine Art Liebe entstand, ist wohl das Positivste, was man aus den Begebenheiten rund um den 3. Spieltag der Saison 1980/1981 abgewinnen kann. Bayer Leverkusen spielte an diesem Samstag gegen Eintracht Frankfurt. Jürgen Gelsdorf hatte an dem Tag die Aufgabe, Eintrachts Starspieler Bum-kun Cha zu bewachen. Bereits nach 15 Minuten ereignete sich dann der Stein des Anstoßes, die Szene, die letztlich zur Fanfreundschaft zwischen Leverkusen und Offenbach führte.

Jürgen Gelsdorf geriet an der Mittellinie in einen Zweikampf mit Cha. Der südkoreanische Nationalspieler wollte am Leverkusener Abwehrspieler vorbei, Gelsdorf grätscht zum Ball, Cha fällt. Eine Szene, wie sie Spieltag für Spieltag in der Bundesliga passiert. Doch Cha fällt so unglücklich, dass er verletzt ausgewechselt werden muss. Cha kam ins Krankenhaus, Eintracht-Trainer Lothar Buchmann mutmaßte, dass die Karriere von Frankfurts Starspieler beendet sei. Die Presse nahm dies dankbar auf, eins führte zum anderen, bis es so weit eskalierte, dass Frankfurt-Fans dazu aufriefen, Gelsdorf umzubringen.

Am Ende war alles halb so wild für Cha, der bald wieder spielte, doch Offenbacher Fans hatten sich die unglaublichen Anschuldigungen und Morddrohungen gegen Gelsdorf gemerkt. Diese pflegten seit Zeiten eine Rivalität gegen die hessischen Nachbarn. Als Leverkusen dann in der Rückrunde bei der Eintracht antrat, unterstützten zahlreiche Offenbacher Anhänger den Fanblock der Werkself, was dort natürlich mehr als gut ankam. Dort nahm die Fan-Freundschaft zwischen den beiden Vereinen ihren Anfang.

Auch zwei Jahre später tat ein besonderes Spiel der Verbindung keinen Abbruch. Offenbach schickte sich an, von der 1. in die 2. Bundesliga aufzusteigen, und traf nun gerade in der Relegation auf die Leverkusener. Ein brisantes Spiel, denn schließlich ging es um die Spielberechtigung für die höchste Spielklasse. Die Werkself setzte sich am Ende mit zwei knappen Siegen durch und erhielt die Klasse, während Offenbach weiter 2. Liga spielen musste. Nach dem entscheidenden Spiel stürmten Offenbacher Fans den Platz und rasten auf den Leverkusener Fanblock zu.

Was heute wohl zu Ausschreitungen führte, resultierte damals in der unwirklichen Szene. Die Kickers-Anhänger blieben vor dem Block stehen und applaudierten den Leverkusener Fans. 1983 schafften die Offenbacher es dann ebenfalls in die Bundesliga, und beide Teams spielten das erste und einzige Mal gemeinsam in einer Liga. Die Freundschaft hält bis heute an, und 2011 erst gab es ein Fest, um das 30-jährige Jubiläum dieser Bande zu feiern. Übrigens begann Rudi Völler seine Profikarriere 1977 auf dem Bieberer Berg.

60. GRUND

Weil in Leverkusen Fans und Polizei im Dialog stehen

Kaum ein Thema sorgte in der Saison 2012/2013 für mehr Aufregung neben dem Platz als das Konzeptpapier der Deutschen Fußball Liga zum Thema »Sicheres Stadionerlebnis«. Zu viel Gewalt gäbe es in den Stadien, Fans randalieren, zünden Bengalos, und der friedliebende Vater mit seinen zwei Kindern sei beim Stadionbesuch in Gefahr. Umso schöner ist es, dass man in Leverkusen versucht, andere Wege zu gehen, und niemand das Gefühl in und um die BayArena hat, dass es Gefahr für die eigene Gesundheit gibt.

Dies liegt natürlich an der kleineren und beschaulicheren Fanbasis, aber auch an der Dialogbereitschaft der Leverkusener Fanszene wie Verein, Fanbetreuung, Sicherheitsdienst, aber der Polizei bestätigen. 400 Ordner sorgen im Stadion für die Sicherheit der Besucher, zusätzlich nimmt das einmalige Projekt »Fanbudget« einiges an Dampf aus so mancher Auseinandersetzung oder dummen Idee. Der Verein stellt den Anhänger ein sogenanntes »Fanbudget« zur Verfügung, mit dem Aktionen, Choreografien und so manche Fahrt finanziert werden. Kommt es zu Fehlverhalten und die Schuldigen werden nicht einwandfrei identifiziert, wird der Schaden aus dem »Fanbudget« bezahlt. So manche Fackel wurde dann doch nicht abgebrannt. »Die Fans wissen, sie schaden sich selbst, wenn sie sich danebenbenehmen«[78], erklärt Andreas Paffrath, Fanbauftragter der Leverkusener.

Aber auch wenn einmal etwas passiert, entziehen sich die Fans nicht ihrer Verantwortung. Als neben der Fankneipe »Stadioneck« Gäste die Vorgärten in der Nachbarschaft zerstörten, entschuldigte sich der Vorsitzende des Fanklubs »Nordkurve« Ulrich Wissing, der auch die Kneipe betreibt, sofort und sorgte für die Beseitigung des Schadens. Überhaupt ist die Kneipe immer wieder ein Anlaufpunkt für einen offenen Dialog, wo auch mal Polizei und

Fan miteinander sprechen. Wie zum Beispiel bei der Eröffnung des Stadionecks. Erst kurz zuvor hatte es Ausschreitungen im Zuge eines Spiels gegen Borussia Dortmund gegeben. Gewaltbereite Fans hatten sich mit der Polizei geprügelt, dabei waren aber auch Mitglieder der Nordkurve deeskalierend vor Ort und versuchten, den Konflikt verbal zu lösen.

Der Leiter der Polizeiinspektion Leverkusen, Hans-Dieter Husfeldt, lobte die Fans für ihren Einsatz und zeigte sich begeistert von der Vereinskneipe. »Toll, was die Nordkurve hier geschafft hat«[79], so der Polizeioberrat. Man darf hoffen, dass die Stimmung in Leverkusen weiter so freundlich bleibt und man gemeinsam an aufkommenden Problemen, die Gewalt und Verbrechen betreffen, arbeitet. Die Grundlage hat der Verein dafür geschaffen, und bisher sind alle Beteiligten mehr als bereit, diesen Weg weiterzugehen.

61. GRUND

Weil man als Leverkusen-Fan noch zum ersten Mal Meister werden kann

Wie langweilig muss es sein, Dortmund- oder Bayern-Fan zu sein. Jedes Jahr geht es nur darum, ob man Meister, Champions-League- oder Pokalsieger wird und der wievielte Erfolg dieser Art das ist. Man ist immer für alle Fälle vorbereitet und schon der 2. Platz ist gleichbedeutend mit einer Niederlage. Als Leverkusen-Fan ist man da klar im Vorteil. Bayer Leverkusen wurde in seiner langen Vereinsgeschichte noch nie Meister, und die beiden Erfolge im UEFA-Cup und im DFB-Pokal sind bei den meisten Anhängern schon längst vergessen. Im Kopf des Leverkusen-Fans gibt es nur Vizetitel. Fünf an der Zahl, und was kann es da nur Schöneres geben, als zum ersten Mal deutscher Meister zu werden? Ein Erlebnis, das wohl die wenigsten Fußballanhänger sich ausmalen dürfen.

Die Premiere ist sicherlich am schönsten. Das Zittern während der Saison, dass in diesem Jahr alles anders ist. Dass es am Ende nicht wieder ein Unterhaching gibt. Dass die Serie ohne Niederlage doch nicht ohne Bedeutung ist. Dass man es endlich schafft, die Schale in den Trophäenschrank nach Leverkusen zu bringen. Gibt es in Leverkusen einen Balkon, auf dem man feiern kann, und überhaupt? Wo bekommt man denn die Schale überreicht? Am letzten Spieltag, wenn schon alles klar ist? Wenn die Fans eine riesige Danke-Choreo für die erste deutsche Meisterschaft vorbereitet haben? Oder sichert man sich den Titel in einem Herzschlagfinale, wenn schon niemand mehr damit gerechnet hat? Wird es einen Autokorso durch Köln geben? Oder holt man die Meisterschaft ja vielleicht sogar im Stadion des ungeliebten Gegners von der anderen Rheinseite? Oder beim Rekordmeister?

Das alles sind Dinge, die man sich als Leverkusen-Fan noch ausmalen kann und die einem Bayern-Fan verwehrt bleiben. Wer erinnert sich denn noch an die erste Münchner Meisterschaft, und wer war dabei? Wohl die wenigsten. Als Leverkusen-Fan könnte man sagen: »Ich war dabei. 2015. Als Leverkusen zum ersten Mal die Schale an die Dhünn geholt hat.« Es klingt wie ein Traum, aber es ist möglich. Wenn selbst Wolfsburg das geschafft hat, warum dann nicht auch Leverkusen? Irgendwann reißt jede Serie mal.

62. GRUND

Weil man als Bayer-Fan die Erfolgsrezepte gleich mitgeliefert bekommt

»Wäre Stefan Kießling nicht erfolgreicher Fußballprofi geworden, dann wäre er heute sicherlich ein gefeierter Chefkoch, wahrscheinlich irgendwo in einem Golfhotel im schönen Oberfranken«.[80] So eröffnet Rudi Völler Stefan Kießlings Kochbuch *Erfolgsrezepte – wie*

sie mit Kochkünsten punkten. Der erfolgreiche Torjäger der Leverkusener stand nach der Schule vor der Entscheidung, ob er Koch oder doch Fußballprofi wird. Das Interesse und das Talent für den Herd sind da, der Weg ins Profifußballgeschäft dagegen ist ungewiss. Zwar steht Kießling von Kindesbeinen an auf dem Platz, doch wer sagt einem jungen Mann, dass er es bis in die Bundesliga schafft? Er sagte es sich selbst, und sein Weg bis zur Torjägerkanone ist bekannt. Zurück blieb seine Leidenschaft für das Kochen, das er in seiner freien Zeit immer wieder zum Entspannen nutzt. »Kochen hat alles, was mir Spaß macht und im Leben zählt«, erklärt der Stürmer und ergänzt, was die Faszination ausmacht, »ich liebe den Duft und die Gewürze. Und wenn ich alles richtig gemacht habe, gibt es sogar Jubel von meinem Sohn Tayler, einen Kuss von meiner Frau und meiner Tochter Hailey und Lob von unseren Gästen.«[81]

2012 überlegte sich Kießling dann, dass er die schönsten Rezepte von ihm und seinen Freunden in einem Kochbuch sammeln könnte. Gesagt, getan. Rudi Völler erklärt, wie man scharfe Pappardelle mit Garnelen zubereitet, Rüdiger Vollborn bereitet einen Putenbraten mit Balsamicosoße zu und Carsten Ramelow läutet Herbstabende mit einer Kürbissuppe ein. Das Faszinierende an diesem Kochbuch ist, dass zunächst nur Freunde, Familie und Geschäftspartner dieses Buch erhalten sollten. 500 Exemplare hatte Kießling produzieren lassen.

Doch wie das dann so ist, wenn die Fans Wind von so einer Geschichte bekommen, war die Nachfrage am Ende von außen so groß, dass sich der Torjäger darum bemühte, einen Verlag für das Kochbuch zu finden. Mit Erfolg, und der Erlös kommt auch noch einem wohltätigen Zweck zugute. Alle Gewinne aus dem Buch spendet Stefan Kießling dem Haus Nazareth – einer heilpädagogischen Einrichtung für Kinder und Jugendliche in Leverkusen-Schlebusch. »Das ist ein tolles und wichtiges Projekt, das ich gerne unterstützen möchte«[82], begründet Kießling diesen Schritt. Ein echtes Erfolgsrezept, von dem nun alle profitieren. Das schmeckt uns.

63. GRUND

Weil Leverkusen wohl die überregionalsten Fans der ganzen Liga hat

Wolfgang Holzhäuser sagte neulich, dass es das erklärte Ziel des Vereins ist, der beliebteste Zweitklub der deutschen Fans zu werden. Man ist sich in Leverkusen seines Problems bewusst, dass man die ganz großen Fanscharen aus der Region nicht anzieht, und dennoch muss das nicht schlecht sein. Leverkusen hat einen strukturell schlechten Standort erwischt. Die Lage am Rhein mit der direkten Konkurrenz aus Köln und Gladbach sowie dem relativ kleinen oder eher unschmucken Örtchen Leverkusen an sich machen es nicht leicht, »Natural-Born-Leverkusen-Fans« zu produzieren. Wer in der Region wohnt, entscheidet sich schnell gegen den vermeintlichen Plastik-Klub, speziell wenn er sowieso schon in Köln wohnt, wobei es wohl Leverkusenern leichter fällt, mal dem Geißbock zu huldigen, als umgekehrt dem Kölner das Bayer-Kreuz. Wie gesagt, das muss dennoch nicht das Schlechteste sein, denn Leverkusen hat sich seine Fans Stück für Stück erarbeitet und nicht geschenkt bekommen.

Während in Köln und Gladbach die Fans durch die Teilnahme an der Bundesliga schon in den Sechzigerjahren gebunden wurden, wurde man auf Leverkusen frühestens seit dem UEFA-Cup-Sieg 1988 auf den Werksklub aufmerksam. Köln wurde erster Meister der neu geschaffenen Bundesliga, während Leverkusen in der Regionalliga wenig Fans sammelte. Gladbach stieg wenige Jahre später auf, und die Fohlenelf kam Ende des Jahrzehnts zusammen, um in der Folgezeit mit Vogts, Netzer und Heynckes nicht nur Deutschland, sondern auch Europa im Sturm zu erobern. Leverkusen war da immer noch unterklassig. Da fällt es schwer, eine große Anhängerschaft zu bilden.

Wer Leverkusen-Fan wird, der ist dies meist geworden, weil ihm die Spielart der Werkself gefallen hat. Weil man Mitleid hatte.

Weil man große Spieler dort gesehen hat. Man wird selten Leverkusen-Fan, weil man in Leverkusen oder dem Umland geboren ist. Also hat Leverkusen sich seine Anhängerschaft in ganz Deutschland und speziell zu Beginn des Jahrtausends weltweit erobert. Die glorreichen Champions-League-Auftritte begeisterten nicht nur die Einheimischen, sondern auch die Fußballanhänger aus Übersee. Wer weiß, was passiert wäre, wenn der Titel 2002 gesichert worden wäre. – Die Geschichte von der Fahrradkette. »Hätte, hätte, Fahrradkette.«

Letztlich erklärt dies auch, warum es Leverkusen so schwerfällt, ein Stadion mit 30.210 Plätzen zu füllen. Nicht jeder kann es sich leisten, durch die gesamte Republik zu düsen, um die Werkself in der BayArena zu sehen. Die Fans verteilen sich über das gesamte Bundesgebiet, und hinzu kommt, dass es nicht die Massen sind, die die sogenannten Traditions- oder Erfolgsvereine wie Bayern München, Schalke 04 oder Borussia Dortmund auf sich vereinen. Damit können Leverkusen-Fans leben. Irgendwie macht sie das halt auch zu etwas Besonderem.

64. GRUND

Weil man ein sehr engagiertes Fanprojekt in Leverkusen hat

Fanprojekte hat in den obersten Ligen nahezu jeder größere Verein. Dass das in Leverkusen nicht anders ist, dürfte wohl niemanden verwundern. Doch bei Bayer stehen zwei Menschen in der Verantwortung, die durch außerordentliches Engagement und immer wieder durch gute Ideen auffallen. Das Fanprojekt Leverkusen e. V. wurde 1996 auf Initiative von Bayer 04 Leverkusen als freier Träger der Jugendhilfe gegründet. Zunächst war Stefan Thomé der einzig verantwortliche Hauptamtliche für das Fanprojekt – seit Anfang 2011 unterstützt den Jugend- und Sozialarbeiter eine weitere hauptamtliche Kraft in Person, Daniela Frühling, die Baustellen wie die Mädchenarbeit in Angriff nehmen konnte.

Laut Thomé liegt die Hauptarbeit »ganz klar in der präventiven Arbeit mit den jüngeren Fans. Dazu gehören gewaltpräventive Angebote, die Arbeit gegen Rassismus und Fremdenfeindlichkeit, die offene Jugendarbeit und die Beratung und Vermittlung bei Problemen. Dazu kommen Freizeitangebote, die oft über den Fußball hinausgehen, sowie Vorträge und soziale Gruppentrainings an Schulen oder anderen Jugendeinrichtungen.« Das heißt konkret, dass es einen offenen Treff im Fanhaus gibt, in dessen Rahmen die Sozialarbeiter als Ansprechpartner bei Problemen bereitstehen. Darüber hinaus sind die beiden auch im Stadion immer vor Ort und versuchen zum Beispiel, zwischen Fans und Ordnungsdienst oder der Polizei zu vermitteln.

Mit unterschiedlichem Erfolg, denn natürlich ist der Handlungsspielraum von Thomé und Frühling begrenzt, was er auch öfter als Problem empfindet. Im Gegensatz zu den Problemen mit den Fans, die oft mit der persönlichen Entwicklung des Einzelnen zutun haben, aber auch gesellschaftsbedingt zu begründen sind, sind die unterschiedlichen Sicht- und Handlungsweisen von anderen Institutionen rund um den Fußball die aufreibenderen Probleme, erklärt Thomé. »Hier versuchen wir immer wieder, unsere Sicht zu begründen und im Sinne der Jugendlichen anzubringen. Da heißt es immer wieder, dranzubleiben und Überzeugungsarbeit zu leisten.«

Doch damit ist die Arbeit des Fanprojekts noch lange nicht ausreichend genug gewürdigt, denn Thomé brachte sich im Jahr 2000 besonders für ein Bewährungskonzept bei Stadionverboten ein. Statt einfach den Besuch des Stadions zu verbieten und die »Straffälligen« auszuschließen, ist es in Leverkusen möglich, auf Bewährung ein solches Stadionverbot zu erhalten. »Die Fans haben die Möglichkeit, die Länge ihres Stadionverbots durch regelmäßigen Kontakt mit uns und durch Ableisten von Sozialstunden zu verkürzen«, so Thomé in einem persönlichem Gespräch, der damit die

Vorreiterrolle Leverkusens herausstellt. »In ähnlicher Form greifen solche Konzepte mittlerweile auch in vielen anderen Standorten.«

Überhaupt scheint es in der Fanszene relativ wenig interne Probleme Rassismus, Fremdenfeindlichkeit oder Homophobie betreffend zu geben. Thomé und Frühling weisen auf die in der Regel gut greifenden Selbstreinigungsprozesse im Stadion hin. Randale und Diebstähle sind eher die Ausnahme, und wenn, dann im Umfeld der jüngeren Ultras, die das Stadion als Bühne sehen. Alles jedoch im Rahmen, und niemand wird bezweifeln, dass ohne die Arbeit von Thomé und Frühling dies ganz anders aussehen würde.

65. GRUND

Weil man als Leverkusen-Fan weiß, dass man sich keine falschen Hoffnungen machen muss

Wenn alles gut läuft, dann hilft einem das Fansein auch im normalen Leben, irgendwie über die Runden zu kommen. Als Leverkusen-Anhänger lernt man ziemlich schnell, dass man sich keine falschen Hoffnungen machen muss. Eine unschlagbare Eigenschaft, die einem im Alltag immer wieder hilft. So ist Woche für Woche klar, dass man zwar den Lottoschein ausfüllen kann, man aber am Ende doch wohl nicht die Millionen gewinnt. Mit dieser Einstellung kommt man ganz gut durchs Leben, wenn es nicht doch alles etwas schwerer wäre. Denn natürlich wissen wir, dass ein Champions-League-Titel, eine Meisterschaft oder ein Europa-League-Pokal einem Sechser im Lotto gleicht, doch die Hoffnung will man dennoch nicht aufgeben.

Woche für Woche das gleiche Spiel. Ein Sieg muss her, damit die Werkself wieder eine Runde weiter kommt oder ein paar Plätze in der Tabelle der Bundesliga gutmacht. Die Chancen stehen gut. Das Potenzial ist da. Die Spieler in Form. Der Trainer ein Taktikfuchs.

Der Schiedsrichter hat noch nie gegen das eigene Team gepfiffen, und die Choreo ist die beste, schönste, tollste Choreo, die je für die Werkself vorbereitet wurde. Dass das eigene Team, die Leverkusener, gewinnt, ist ja eigentlich wahrscheinlicher als ein paar Richtige im Lotto. Ein Sieg am Bundesliga-Samstag sind vielleicht gerade mal zwei richtig gesetzte Kreuze. Wenn es ein schöner Sieg war, dann stimmte vielleicht zufällig die Superzahl noch mit der Nummer auf dem Tippschein überein.

Aber dann, Woche für Woche, wird es unwahrscheinlicher, dass man wieder gewinnt. Sechs Siege in Folge? Das sind schon vier Richtige. Mal eine Niederlage dazwischen – macht nichts. Das große Abkassieren am Ende ist doch noch möglich. Wenn man 34 Tippscheine abgibt, dann kann man doch immer noch den Superschein mit dem Riesengewinn am Ende einlösen.

Doch mit der Zeit schwindet die Hoffnung. Woche für Woche setzt man seine Kreuzchen, und man gewinnt auch mal was, aber ganz im Ernst – der ganz große Gewinn blieb bisher aus. Das macht ja aber nichts. Man hat sich im Laufe der Zeit daran gewöhnt, und trotzdem hält einen der Thrill, dass es doch klappen könnte beim Spiel. So ist das mit den Spielen und der Leidenschaft. Leverkusen lehrt den Fan, dass der ganz große Wurf unwahrscheinlich ist, aber dennoch möglich.

Wer weiß, vielleicht schaut man eines Tages auf seinen Tippschein und vergleicht die Zahlen mit den gelosten in den Nachrichten und stellt fest, dass man den großen Wurf gelandet hat. Oder man schaut in die Bundesliga-Tabelle und erkennt, dass neben den 34 Spielen und der Eins in der Liste tatsächlich Bayer Leverkusen steht. Ist das eine falsche Hoffnung? Vielleicht. Aber als Leverkusen-Fan gibt man die Hoffnung nicht auf, und mit der Zeit weiß man halt einfach mit Enttäuschungen umzugehen.

66. GRUND

Weil die Leverkusener Ultras schon so lange dabei sind

Ultras sind der Inbegriff der Fußballanhängerschaft. Keine Gruppierung sorgt im Positiven wie auch im Negativen für so viele Schlagzeilen in der Öffentlichkeit. Wenn sich Fans zu ihrem Verein äußern, dann sind es Ultras. Die wunderbaren Choreografien im Stadion sind von Ultras. Fans, die Tausende Kilometer für ihren Verein fahren, sind Ultras. Und wenn es um Gewalt in den Stadien geht, dann sind es in der öffentlichen Wahrnehmung auch oft Ultras, unabhängig davon, ob sie für Ausschreitungen verantwortlich sind oder nicht.

So oder so sind die Ultras nah am Herzen des Vereins. Ein Verein ohne Ultrakultur wäre ein trauriger Verein. Umso schöner ist es, dass in Leverkusen eine der ersten Ultragruppierungen der Liga gegründet wurde. Dort, wo man ja nichts Bemerkenswertes im Rest der Republik in Sachen Fans erwartet, gründeten sich 1989 die »Soccer Boyz«. Ein Fanklub mit rund 20 Mitgliedern, der den Grundstein für die Ultrakultur in Leverkusen legen sollte.

Ein Jahr später spaltete sich dann die Gruppe »Madness« ab, die sich stark an der Ultrakultur in Südeuropa orientierte. Es wurden Fanartikel produziert, neue Lieder angestimmt und brachte Transparente mit ins Stadion. So etwas hatte es bis dato noch nicht in Leverkusen gegeben und man stand mit dieser Form der Anhängerschaft schnell im Fokus von anderen Fangruppierungen, der Polizei, der Presse und dem Verein selbst.

Über diverse Umwege, einer Wiedervereinigung der »Soccer Boyz« und der »Madness«-Gruppierung und dem einsetzenden Verstehen, dass viele kleine Fanklubs nicht so viel erreichen wie eine große Ultragruppe, gründeten sich 1999 die Ultras Leverkusen, die bis heute alle Ultras an der Dhünn unter sich vereinen.

Ihre Hauptaufgabe liegt im Gestalten der Stimmung, wie Marcel Lehmann von den Ultras Leverkusen beschreibt: »Der offensichtlichste Teil sind wohl Choreografien und die ›organisierte Stimmung‹ im Stadion. Darauf liegt natürlich unser Hauptaugenmerk.« Darüber hinaus gibt es noch weitere Arbeiten wie zum Beispiel dem Helfen im Vereinsheim Stadioneck. Für Lehmann war es klar, dass »nur« zu den Spielen gehen nicht alles sein kann. »Der Fußball bedeutete mir schon immer sehr viel, da es für meinen Vater und mich ›unser Ding‹ war. Dafür war ich bereit, auch noch mehr zu geben«, erklärt Lehmann mir in einem persönlichem Gespräch. »Es war für mich nur logisch, Teil der Ultra-Kultur in Leverkusen zu werden, zudem behielt man den Status des Besonderen. Als Jugendlicher war es ein tolles Gefühl, einfach nur dazuzugehören, man war Teil von etwas Größerem, durfte sogar mitentscheiden und -gestalten. Es gab einem Selbstbewusstsein und erfüllte einen mit Stolz.«

Für Lehmann wurde es letztlich eine Art Lebensinhalt. »Ultra ist man 24 Stunden, sieben Tage die Woche, das ganze Jahr.« Wunderbar, dass es diese Kultur auch in Leverkusen in dieser Form gibt. Es macht das Stadion zu einem besonderen und erfüllt das Bauwerk mit dem Geist des Fußballs.

67. GRUND

Weil Fanprojekte auch dank Leverkusen beim DFB überhaupt wahrgenommen werden

Als Leverkusen-Fan muss man sich ja immer rechtfertigen. Für den Fußball, für die Vizetitel, für das Stadion, für den Sponsor, für das Werk und für die Fans. Dass die in vielerlei Hinsicht jedoch Vorreiter waren, übersieht der Außenstehende schnell. Der Start der Ultrakultur in der Bundesliga wurde in Leverkusen vorangetrieben und auch die Fanprojekte haben heutzutage das Standing, das sie haben, weil Leverkusen beim Deutschen Fußballbund für die Rechte dieser kämpfte.

1989 war man noch nicht besonders weit, als sich DFB, Vereine und Fanprojekte im 2.973 Einwohner zählenden Loccum trafen. Der DFB hatte keinerlei Interesse, die Fanprojekte in irgendeiner Art und Weise zu unterstützen, die Vereine interessierten sich eher wenig für die Arbeit in den Fanprojekten, sodass diese alleine auf weiter Flur standen. Dass die Projekte einen Nutzen im Stadion haben, vor allem zu einer Zeit, wo Rassismus im Stadion noch viel häufiger an der Tagesordnung war als heute, und zu einer Zeit, wo Hooligans noch wesentlich präsenter waren, diese Einsicht kam erst im Laufe der Jahre.

Der Einladung nach Loccum waren von den Vereinen gerade mal Dortmunds Schatzmeister Werner Wirsing sowie die Fanbeauftragten von Borussia Mönchengladbach, Hannover 96 und halt von Bayer Leverkusen gefolgt. Die Gespräche waren so gut, dass der DFB erstmals die Fans als Gesprächspartner akzeptierte, auch wenn DFB-Ligasekretär Wilfried Staub noch klarstellte, dass finanzielle Unterstützung noch nicht geplant ist. »Der DFB zahlt kein Geld an die Projekte«, so die klare Aussage.[83]

Der Sprecher der Bundesarbeitsgemeinschaft der Fan-Projekte (BAG) Peter Koch beurteilte die Politik der kleinen Schritte optimistischer als Fan-Forscher Pilz: »Noch vor einem Jahr vertrat DFB-Präsident Hermann Neuberger die ›Knüppel-aus-dem-Sack-Auffassung‹. Jetzt setzt sich die Einsicht durch, dass auch die Arbeit von uns Sozialarbeitern einen Beitrag zur Gewalteindämmung leisten kann.« Problematisch blieb an dieser Stelle halt vor allem die Finanzierung, doch im Laufe der folgenden Jahre kam es auch dort zu Fortschritten, sicherlich auch aufgrund der Leverkusener und einiger weniger anderen Vorreiter.

1993 – also vor 20 Jahren – gründete sich dann die Koordinationsstelle Fanprojekte (KOS), die die sozialpädagogische Arbeit der Fanprojekte begleitet und die Einrichtung neuer vorantreibt. Nur drei Jahre danach wurde auch in Leverkusen das erste Fanprojekt eingerichtet, welches dank Fanhaus und dem engagierten Leiter Stefan Thomé eine echte Institution in Fankreisen ist und eng mit dem Verein zusammenarbeitet. »Insbesondere in der Arbeit mit den jungen und wilden Ultras wird der erfolgreiche Einfluss der Fanarbeit sichtbar. Die Leverkusener Fan-Aktivisten zählen zur immer größer werdenden Kreativfraktion innerhalb der bundesdeutschen Fankurven«, beurteilt die Koordinationsstelle Fanprojekte die Leverkusener Arbeit. »Dem Fan-Projekt ist es durch frühzeitige Intensivierung des Kontaktes zur jungen Fanszene (z. B. durch die ›Fanarbeitsgruppe Stimmung‹) gelungen, sich innerhalb der Ultras einen anerkannten Einfluss zu erarbeiten«[84], so das positive Fazit der KOS.

Das Thema Geld ist inzwischen auch vom Tisch. Erst im Mai 2013 beschloss die Frühjahrstagung der Innenministerkonferenz in Hannover, dass die Fanprojekte mit 10,8 Millionen Euro unterstützt werden. »Die anhaltende Gewalt im Zusammenhang mit Fußballspielen ist nicht hinnehmbar. Wir sehen in der Stärkung der friedlichen Fankultur in Deutschland und dem Dialog mit den Fans wesentliche Beiträge zur Gewaltprävention«, erklärte Niedersachsens Innenminister Boris Pistorius. »Daran haben die Fanprojekte in Deutschland einen maßgeblichen Anteil; ihre Arbeit gilt es zu stärken und zu fördern.«[85]

So hat man dem DFB und dem Land mit viel Mühe doch noch die Augen öffnen können, dass Fanprojekte Sinn machen.

68. GRUND
Weil es einen großartigen englischen Podcast für Leverkusen-Fans gibt

Bekanntlich hat es Leverkusen ja mit den Fans im Umland schwer. Wer aus Leverkusen kommt, begeistert sich vielleicht noch relativ schnell für die Werkself, wer aus Köln kommt, grübelt auch nicht lange, und all die, die irgendwo dazwischen wohnen, müssen sich dann zwischen diversen rheinischen Klubs entscheiden. Eine harte Entscheidung, die nicht allzu oft für die Pillenkicker fällt. Die graue Maus aus den Achtzigern ist zwar nicht mehr aktuell, aber in der Außendarstellung scheint doch noch etwas nicht ganz rundzulaufen, dass Leverkusen die Fans nicht in Scharen die Türen einrennen.

Leichter sieht das schon im überregionalen Bereich aus, und wenn man gar in die große weite Fußballwelt schweift, gibt es doch erstaunlich viele internationale Fußballanhänger, die Leverkusen lieben gelernt haben. Einer von ihnen ist Eric Brühl in Los Angeles, ein anderer Patrick Höhn in Singapur. Doch beide sind nicht nur glühende Verehrer der Werkself. Nein, sie unterhalten sich auch noch Woche für Woche im Internet über die neuesten Entwicklungen in Leverkusen. Im Neverkusen-Podcast.

Höhn hatte sich 2010 erst an einem englischsprachigen Blog versucht, doch mit fortlaufender Dauer fehlten Zeit und Motivation. 2011 holte er Brühl mit an Bord, doch das Blog erlebte dennoch das Jahresende nicht mehr. Stattdessen begann man, einen Podcast aufzunehmen und von vornherein noch mehr Leute mit ins Boot zu holen. So kamen noch Friederike Baudisch und Tom Bates aus Bonn hinzu, die die Stammcrew des Neverkusen-Podcasts komplettieren. So bekommt die englischsprachige Bayer-Anhängerschaft einen wunderbaren Rahmen in Form eines Podcasts, um das Neueste rund um ihren Lieblingsverein zu erfahren. Zwei Fans aus Übersee sowie zwei vor Ort, die im Besitz einer Dauerkarte sind und immer direkt von ihren Erlebnissen aus dem Stadion berichten können.

Die Hörer der fast wöchentlichen Sendung kommen aus der ganzen Welt. Ob USA, Großbritannien, Kanada, Australien oder »Exoten« aus dem Orient oder Südamerika – es gibt fast aus jedem Land der Welt Interessenten. Die Sendung plant Brühl ganz unterschiedlich: »Manchmal ist alles sehr strukturiert mit einem Skript, welches vorher abgesprochen wird. Dann aber gibt es auch Wochen, wo wir einfach ›Free-Flow‹ senden und uns einfach unterhalten und aufnehmen«, erklärt er mir persönlich, »Die wichtigen Themen sind die Nachbetrachtung jedes Spiels, was sich in der Fanszene tut, Transfers und alles, was so nicht durch die englischen Medien geht.«

Für bestimmte Themen lädt sich die Neverkusen-Crew auch immer wieder Gäste ein. Darunter fallen Fans von gegnerischen Teams oder beispielsweise andere Podcaster oder Experten zu bestimmten Themen oder Spielern. Ein weiterer fester Bestandteil der Sendung sind neben der Betrachtung der Leverkusener Szene auch die »Beers of the world«. Zu jedem guten Fußballspiel gehört auch ein gutes Bier, und so testen die vier in schöner Regelmäßigkeit Biere dieser Welt.

Während Höhn berufsbedingt in Singapur weilt und seine Leidenschaft zu Leverkusen vor Ort bei Rudi Völler, Bernd Schuster und Ulf Kirsten entdeckte, begeisterte sich Brühl zunächst vor allem für Bum-kun Cha. Als er entdeckte, dass dieser bei Leverkusen spielt, war der Lieblingsverein klar. Aus dem Podcast ist inzwischen auch eine Freundschaft erwachsen. Brühl besuchte 2012 die Mitpodcaster, und gemeinsam besuchte man ein Bundesliga-Spiel gegen Schalke. Für 2014 ist ein großes Treffen mit allen Beteiligten geplant, aber auch mit den zahlreichen Gästen, die der Podcast Woche für Woche empfängt. Der Podcast ist zu erreichen unter www.neverkusen-podcast.net.

69. GRUND

Weil Olympiasieger Leverkusen-Fans sind

»Ich habe am Fernseher mitgezittert. Das war ein hochemotionales Duell mit einer sensationellen Stimmung im Stadion«, erklärte Rudi Völler im Jahr 2012, und ausnahmsweise meinte er damit mal nicht ein Fußballspiel. Zwar war es der Sommer der Fußballeuropameisterschaft in Polen und in der Ukraine, doch der Manager der Werkself sprach von Olympia. »Die Freude beim erfolgreichen Matchball war auch bei mir gewaltig«[86], so Völler, der das Finale des Beachvolleyball-Wettbewerbs meinte.

In London siegten nämlich Julius Brink und Jonas Reckermann und sicherten Gold für Deutschland. Was daran so besonders ist: Brink ist ein echter und bekennender Fan der Bayer-Elf. In Münster geboren und siedelte bald an die Dhünn um. Auf die Frage, was denn sein größter sportlicher Erfolg bis Olympia gewesen sei, gibt er unumwunden zu: »Als ich mit vier Jahren als hyperaktives Kind aus dem Mutter-Kind-Turnen beim TSV Bayer 04 ausgeschlossen wurde.«[87] Das bescherte ihm dann letztlich auch den Wechsel ins Volleyballlager und die Karriere, die 2012 mit der Goldmedaille in London gekrönt wurde.

Dass das nicht so leicht war, lag nicht nur an den Gegnern, sondern auch am »Feind« im eigenen Lager. Kollege Reckermann ist doch tatsächlich FC-Fan, und trotzdem klappte es mit der erfolgreichen gemeinsamen sportlichen Karriere. In die BayArena geht er, wann immer er Zeit hat, und feuert aus der Nordkurve an. Die Dauerkarte machts möglich. »Ich bin Bayer 04-Fan, seit ich denken kann. Das ist meine Stadt und mein Verein«[88], so Brink.

Brink gehört damit zu den wenigen prominenten Fans der Werkself. Henry Maske dürfte ebenfalls in diese Kategorie fallen. Der Boxweltmeister eröffnete in der BayArena eine McDonald's-Filiale und war auch immer wieder bei Spielen zu sehen. Ebenfalls ins Fanlager der Leverkusener gehört die Schiedsrichterlegende Walter Eschweiler. Die »Pfeife der Nation« wurde neben dem Platz vor allem durch seinen Werbespot für den Bonbon-Hersteller Haribo und das Kaubonbon »Maoam« berühmt. Sein »Was wollt ihr dann?« wurde auch gerne abseits des Wohnzimmers von den Menschen vorgetragen.

KAPITEL 7

VON HOLZBÄNKEN UND WUNDERSAMER STEHPLATZVER-MEHRUNG

DAS STADION

70. GRUND

Weil man in Leverkusen den Stehplatzbereich vergrößert und nicht verkleinert

In diesen Tagen, wo misstrauisch auf Fans und Ultras in Fußballstadien geschaut wird, da gibt es aus Richtung der Politik Vorschläge, dass man sämtliche Stehplatzbereiche auflösen solle. Gewalt könne so nicht mehr entstehen, das Ganze sei familienfreundlicher, Pyrotechnik würde da bestimmt auch nicht mehr abgebrannt – also alles im Zeichen der Sicherheit. In England, im Mutterland des Fußballs, gäbe es ja auch keine Beschwerden über Stadien ausschließlich mit Sitzplätzen. So ein Sitz ist ja auch gemütlicher. Die Vereine profitieren zusätzlich, schließlich kann man mit mehr Komfort mehr Geld verdienen. Wer international spielen will, darf sowieso keine Stehplatzkarten in der Europa- oder Champions League anbieten. Also, was spricht gegen Stadien ausschließlich mit Sitzplätzen?

Einiges, wenn man der Leverkusener Faninitiative Nordkurve 12 Glauben schenken mag. »In jedem deutschen Profifußballstadion kommt man in den Gästeblock und wird von einer »Wand« hinter dem Tor der Heimfans in Empfang genommen. Kommt man nach Leverkusen, sieht man einen kleinen, in der Ecke deplatzierten Stehplatzbereich, der visuell nicht den Eindruck einer Heimkurve erweckt.«[89] So startete die Nordkurve 12 die Kampagne »Vergrößert den Heimvorteil«. In der BayArena gab es bis dato 2.000 Stehplätze, ein kleiner Block in der Ecke des zweifelsohne hübschen Stadions. Alleine den Gästefans standen rund 3.000 Steh- und Sitzplätze zur Verfügung, sodass die feierwilligen Auswärtsfans meist für mehr Stimmung sorgten als der C-Block mit den Bayer-Anhängern.

Die Nordkurve wandte sich mit dem Fanbeauftragten des Vereins Rüdiger Vollborn als Vermittler an die Chefetage des Vereins und stieß auf offene Ohren. Innerhalb kürzester Zeit wurde in den an den C-Block angrenzenden Bereichen eine Umfrage unter den

Sitzplatzgästen durchgeführt, ob Interesse an der Aktion bestünde, und dieses Interesse bestand. Nach diversen Überprüfungen und der Neuorganisation des Stehplatzbereichs wird für die Saison 2013/2014 das Kontingent auf 3.000 Plätze ausgeweitet.

Was der Faninitiative zusätzlich wichtig war: dass man nun auch wieder direkt hinter dem Tor den eigenen Verein stehend anfeuern kann. Durch die Verteilung der Plätze auf mehrere Blöcke sei zusätzlich die Hoffnung da, dass sich die Stimmung besser auf die umliegende Plätze verteile. Ein außergewöhnliches Projekt, das in der Liga seinesgleichen sucht.

71. GRUND

Weil Bayer sein Stadion nur einmal umbenannt hat

Fans haben es in unserer kommerzialisierten Welt nicht leicht. Wo doch der Mensch ein Gewohnheitstier ist und mit Veränderungen selten gut klarkommt, ändern sich in der Fußball-Bundesliga alljährlich die Namen der Stadien. Der Ort, zu dem Jahr für Jahr Millionen Fans pilgern, verliert seinen Namen. Insgeheim heißt natürlich das Westfalen-Stadion immer noch Westfalen-Stadion und nicht Signal-Iduna-Park, HSV-Fans trauern immer noch dem Volkspark nach, und Hannoveraner wissen vermutlich zu Beginn einer jeden Spielzeit nicht einmal mehr den diesjährigen Namen ihres Altarraums. HDI- oder AWD-Arena. Wer ist Sponsor in diesem Jahr, wer gibt am meisten Geld. Irgendwann sind die guten alten Namen aus den Köpfen der Fußballanhänger getilgt.

In Leverkusen hat man es da etwas leichter. Zwar spielte man seit 1958 im Ulrich-Haberland-Stadion, das nach dem ersten Vorstandsvorsitzenden der 1951 neu gegründeten Bayer AG benannt wurde, doch im Zuge der immer größeren Erfolge der Leverkusener mit diversen Vizemeisterschaften und des Einzugs ins Champions-

League-Finale 2002 entschloss man sich auch durch das größere Faninteresse, das Ulrich-Haberland-Stadion auszubauen und auch umzubenennen.

Im August 2009 wurde das komplett renovierte Stadion neu eingeweiht. Der neue Name: BayArena. Und damit dürften die wenigsten Fans ein Problem haben. Leverkusen war schon immer ein Werksverein. Das Werk ziert den Namen des Vereins, und so wird es wohl auch immer bleiben. Das Stadion dürfte damit wohl auch immer die BayArena bleiben, ganz im Gegensatz zu anderen Stadien, wo der Sponsor von Jahr zu Jahr wechselt. Das Ulrich-Haberland-Stadion gibt es für besonders melancholische Fans aber immer noch. Das gleich angrenzende Stadion der Leverkusener Amateure bekam den alten Namen des Profi-Stadions vererbt.

72. GRUND
Weil selbst der Rasen in Leverkusen in Topform ist

Wem zwischen den Spieltagen kurz nach der Winterpause Einlass in die BayArena gewährt wird, wähnt sich schnell in einem Science-Fiction-Film. Riesige Maschinen rollen über den Rasen, Licht strahlt auf das unnatürlich satte Grün. Dem kostbarsten Gut der Leverkusener Greenkeeper wird vorgegaukelt, dass die Sonne scheint, schließlich muss der Rasen ja wachsen und gedeihen, damit Samstag für Samstag die Profis Siege auf ihm einfahren. »Hier wird das Geld verdient, und wir versuchen halt, die optimalen Bedingungen für die Profis zu schaffen«[90], erklärt Leverkusens Greenkeeper Dieter Prahl nicht ohne Stolz in der Stimme.

Damit alles stimmt, wird der Rasen in der Vegetationsphase, also wenn der Rasen sowieso natürlich wächst, täglich gemäht, gewässert und anschließend ein Gasaustausch durchgeführt, damit das Wasser nicht oben über der Grasnarbe stehen bleibt. Wasser, so Prahl, ist das Schlimmste für den Rasen. So spinnt sein Kollege Georg Schmitz schon mal Pläne, wie der Rasen vor dem üblen Nass in Zukunft geschützt werden könnte: »Kennen Sie die Planen, die bei Regenpause in Wimbledon über die Tennisfelder gezogen werden? Solche Planen könnte ich mir auch beim Fußball vorstellen.«[91] Allerdings, erklärt der Greenkeeper weiter, müssen diese knapp über den Boden gespannt werden, und das sei dann doch nicht so einfach, wie man denkt.

Also bleibt es vorerst bei den üblichen Arbeiten, die nach dem Spieltag auch das Ausbessern von schadhaften Stellen beinhaltet. Da wird dann einfach aus dem Ersatzteillager eine neue Grasfläche gebracht, die in das bestehende Spielfeld integriert wird. So einen Stellenwert wie in England, trotz der enormen Bedeutung für ein ordentliches Spiel, haben die Greenkeeper in Deutschland allerdings noch nicht. In England lässt kein Trainer auf dem Spielfeld trainieren, der Torhüter übt in der Regel einige Meter neben dem Tor, damit die sensible Zone im Torraum nicht überbeansprucht wird, und inzwischen lässt man sogar den Rasen im Fünfmeterraum ganze fünf Millimeter länger wachsen. »Wegen der enormen Belastung«[92], so Schmitz und ergänzt: »In Deutschland ist das nicht durchsetzbar.« Immerhin kommt heutzutage niemand mehr auf die Idee wie einst Trainer Uwe Klimaschefski, den Rasen des Stadions überfluten zu lassen, damit das Spiel am nächsten Tag nicht mehr angepfiffen werden kann, weil nun gerade ein paar Stammspieler fehlen. Und gefesselt werden Platzwarte in der Regel auch nicht mehr, weil sie die Mannschaft bitten, auf dem Nebenplatz zu trainieren, wie damals beim legendären Homburger Trainer Klimaschefski.[93]

Zeiten ändern sich. Wer nun am Ende glaubt, dass bei Schmitz und Prahl der Rasen zu Hause ebenfalls akkurat geschnitten wird, der irrt. Beide bevorzugen die Marke Wildwiese für ihr Heim. Schließlich wolle man ja nicht die Arbeit mit nach Hause nehmen. Eine Arbeit, die sie vorzüglich in der BayArena absolvieren. Jetzt müssen nur noch die Profis darauf Meister werden. Dann könnten es wohl beide verschmerzen, wenn der Rasen danach von den Fans nach Hause getragen wird.

73. GRUND

Weil in der BayArena nur Fußball gespielt wird

Man kennt doch die Geschichte vom heiligen Rasen. In Wembley. In Wimbledon. Bei seinem Verein. Dem Lieblingsverein. Es ist der Rasen, auf dem die größten Erfolge gefeiert wurden. Auf dem man tanzte vor Glück. Auf dem bittere Tränen flossen. Wo manch Ball zauberhaft in den Winkel gestreichelt wurde. Aber auf dem man auch Rettungsmaßnahmen epischen Ausmaßen bewunderte. Auf dem die Lieblingsspieler schrien, feierten, tranken, jubelten, fassungslos waren, sich in den Arm nahmen, sich wegstießen. Der Rasen, den Fans beim letzten großen Erfolg stürmten. Ein Rasen, der halt einiges mitgemacht hat.

Und nun stelle man sich vor, dieser Rasen würde entweiht. Es würde darauf beispielsweise American Football gespielt werden. Linien würden dann quer über den Platz gezogen, die man beim nächsten Mal auf dem Platz noch sehen würde, weil der Platzwart es nur notdürftig geschafft hat, die Linien zu entfernen. Der Rasen würde von einem Ei aus Leder entweiht werden. Einem Ei. Man möge sich das vorstellen. Ein Ball, der nicht rund ist. Auf dem Rasen deines Lieblingsvereins.

Aber es geht noch schlimmer. Auf so manchem Rasen finden Rockkonzerte statt. Tausende von Musikfans trampeln auf deinem Rasen, dem Rasen deines Lieblingsvereins, rum. Sie pöbeln, tanzen, verlieren Körperflüssigkeiten, die dort nicht hingehören. Die heilige Fläche deines Lieblingssports wird entweiht. Zerstört.

Ein Mythos kann nicht leben, wenn am Wochenende die Meisterschaft gefeiert wird und drei Tage später Heavy-Metal-Bands und ihre Anhänger das Stadion in Grund und Boden schreien. Nein – das geht so nicht. Und da kann man sich freuen, dass in der BayArena tatsächlich nur Fußball gespielt wird. Was kann es Schöneres geben als einen Rasen, der in regelmäßigen Abständen nur von deinem Verein frequentiert und gehuldigt wird?

74. GRUND

Weil es zur Eröffnung des Ulrich-Haberland-Stadions gleich zwei Eröffnungsspiele gab

Nicht kleckern – sondern klotzen. So muss wohl das Motto der Eröffnungsfeierlichkeiten des Ulrich-Haberland-Stadions geheißen haben. Weder wussten die geladenen Gäste der Zeremonie, wie das Stadion denn nun heißen wird, noch gab es ein einziges Eröffnungsspiel – eine Woche später folgte gar ein zweites. Bayer-Direktor Fritz Jacobin eröffnete zunächst das Stadion zusammen mit Architekt Viktor Calles, der dem Verein offiziell und symbolisch den Schlüssel zur Eingangspforte des neuen Bauwerks überreichte.

Dabei erfuhren die Anwesenden dann auch, dass es nach dem Generaldirektor der Farbenfabriken Professor Doktor Ulrich Haberland benannt würde. Vielleicht war das auch der Grund, warum Haberland nicht anwesend war. Hatte ihm etwa niemand Bescheid gesagt? Doch Haberland war nicht die einzige illustre Persönlichkeit, die an diesem Tag fehlte. Auch Bürgermeister Wilhelm Dopatka ließ sich nicht blicken. Vielleicht war das noch nicht völlig fertiggestellte Stadion unter ihrer Würde. Schließlich fehlten noch Stehränge und der Presseturm. 200.000 Mark hatten dem Verein bis zu diesem Zeitpunkt in der Kasse gefehlt. Es folgte vor 10.000 Zuschauern dann das erste Eröffnungsspiel. Bayer Leverkusen, die damals noch unter der Spielvereinigung Bayer 04 geführt wurden, traten gegen Fortuna Düsseldorf an. Kein Geringerer als Edmund Conen trainierte die Leverkusener Elf. Conen, auch »Rolly« genannt, war einer der bekanntesten deutschen Kicker vor dem Zweiten Weltkrieg. Seine Torquote im Nationaldress ist hinter Gerd Müller die zweitbeste in der Geschichte des DFB. Vielleicht wäre er noch bekannter geworden, wenn er nicht Mitte der Dreißigerjahre von der Herzneurose gestoppt worden wäre. Diese Angststörung ließ Conen glauben, dass er Herzprobleme habe, seine Pumpe bald nicht mehr funktionieren würde. Dreieinhalb Jahre dauerte es, bis Conen wieder auf dem Platz stand, doch dann stoppte letztlich der Zweite Weltkrieg seine Karriere. 1950 startete er dann seine Trainerkarriere unter anderem mit einer Station in Leverkusen.

Seine Karriere als Trainer war aber weniger aufsehenerregend als seine Spielerlaufbahn. In Leverkusen blieb er zwei Jahre. Das Eröffnungsspiel unter Conen gegen die Düsseldorfer Fortuna ging mit 0:3 verloren. Kein Geringerer als Jupp Derwall, der spätere DFB-Erfolgscoach, schenkte Leverkusens Keeper Fredy Mutz zwei Tore ein. Eine Woche später, beim zweiten Eröffnungsspiel, gab es den herbeigesehnten ersten Erfolg im Ulrich-Haberland-Stadion. Gegen die »roten Teufel« vom Betzenberg, dem 1. FC Kaiserslautern, gewann Conens Mannschaft mit 3:0. Ein gutes Omen für das Ulrich-Haberland-Stadion. Immerhin wurde hier ein großer Erfolg gefeiert. Der UEFA-Cup-Sieg 1988.

75. GRUND

Weil die Tickets in der BayArena im Vergleich am günstigsten sind

Für den Fan sind Ticketpreise essenziell. Zunächst einmal geht es darum, sich eine Dauerkarte für das eigene Stadion zu sichern. Je nachdem, wie teuer diese dann ist, kann geplant werden, wie viele Auswärtsfahrten in dieser Saison eingerechnet werden können. Für den einen Fan schließen sich diese dann schon komplett aus, denn nicht jeder kann sich pro Jahr 200 Euro für den Stehplatz leisten und dann noch durch die Republik touren.

Die Preise bestimmen am Markt wie überall in der Regel Angebot und Nachfrage. Und da hat man es als Leverkusen-Fan natürlich richtig gut. Es gibt gar nicht so viele Werkself-Anhänger, also muss der Verein die Preise niedrig halten. Könnte man denken. Aber noch andere Faktoren spielen in die Preisgestaltung des Vereins mit hinein, denn dafür, dass man beispielsweise in der attraktiven Champions oder in der Europa League spielt, wird manch Fan auch noch ein Extraeuro abgeknüpft. Schließlich müssen ja teure Spieler für tolle Wettbewerbe finanziert werden.

Nicht so in Leverkusen. Hier sind die Ticketpreise konstant die niedrigsten in der Liga. Eine Stehplatz-Karte kostet für die Saison 2013/2014 170 Euro – nur in Nürnberg, Hoffenheim und in München sind die Preise niedriger, allerdings muss man bedenken, dass man beispielsweise in München Vereinsmitglied sein muss, um an ein Ticket zu kommen. Den teuersten Stehplatz gibt es in dieser Saison beim Aufsteiger aus Braunschweig. 217,50 Euro muss der Verein für die 1. Liga berappen.

Auch bei den Sitzplatzpreisen liegt Leverkusen am untersten Ende der Preisskala. 260 Euro so der günstigste Preis – 470 Euro der teuerste. Damit hat man das viertgünstigste Dauerticket für einen Sitzplatz. Der Preis für das teuerste Ticket wird von keinem anderen Bundesligisten erreicht. Die 470 Euro sind absoluter Spitzenwert. Bei Borussia Dortmund kann man bis zu 861 Euro für das teuerste Ticket bezahlen.

Also ist man auch mal im Vorteil, Fan von Bayer Leverkusen zu sein. Bisher hat man zwar noch keine Meisterschaft gefeiert, aber dafür kommt man günstig ins Stadion, um den schönsten Fußball der Liga zu sehen – wenn man denn Fan von Bayer Leverkusen ist.

76. GRUND

Weil Leverkusen die schönste Einlaufmusik hat

Im altehrwürdigen *Rolling Stone Magazine* taucht dieser Song auf Rang 392 der besten Lieder aller Zeiten auf. Eine Ehre, wenn man bedenkt, wie schnell man 500 gute Lieder beisammen hat und wie viele Musikstücke schon produziert wurden. Eine Ehre, wenn man bedenkt, welche Bedeutung das *Rolling Stone Magazine* hat. Und eine Ehre, wenn man bedenkt, dass tatsächlich auch die Rolling Stones ihren Anteil an diesem Stück Musikgeschichte hatten. Es handelt sich um die *Bitter Sweet Symphony* von The Verve.

Das Einlaufstück der Leverkusener jagt dem Fan in schöner Regelmäßigkeit eine Gänsehaut über den Rücken, wenn es im Stadion läuft und die Vorfreude auf das anstehende Match am größten ist, aber auch spätestens dann wieder, wenn im Radio dieser Klassiker läuft und man an vergangene grandiose Spiele der Werkself zurückdenkt. Die Stones spendeten quasi das Eröffnungssample der *Bitter Sweet Symphony*. Es handelt sich dabei um einen Teil des Stones-Covers *The Last Time* des Andrew Oldham Orchestras. *The Last Time* war, so The-Verve-Frontmann Richard Ashcroft, das großartigste Stück, das Mick Jagger und Keith Richards in den letzten 20 Jahren geschrieben hatten, und das Sample der Orchesterversion machte die *Bitter Sweet Symphony* zu dem Hit, der er 1997 dann wurde. Und welches Lied würde besser zu Leverkusen passen als die bittersüße Symphonie, die Bayer-Geschäftsführer Wolfgang Holzhäuser so gerne mag.

Der leicht depressive Song, das Lamentieren über den Weg, den man geht und den man nicht ändern kann. In Leverkusen weiß man, worüber man spricht. Was man in seiner Vereinsgeschichte schon gelitten hat, was man schon verpasst hat. Die Vizetitel, die Finalniederlagen, und dennoch mahnt die *Bitter Sweet Symphony* zu Beginn jedes Spiels, dass es nicht so weitergehen muss. Man ist, wer man ist. Man kann sich nicht ändern, doch eines Tages bricht man aus und gewinnt doch den Titel. Dann wird wohl auch die Einlaufmusik geändert werden.

Vielleicht bedient man sich wieder eines The-Verve-Titels. *Lucky Man* beispielsweise wäre doch schön. Überhaupt ist das gesamte Album eine Empfehlung an jeden Musikliebhaber, aber das ist ein anderes Thema. Was könnte man über die elegischen Melodien auf *Urban Hymns* schreiben. Die wunderbaren Weltschmerz-Texte, Ashcrofts eindringliche Stimme und das prägnante Gitarrenspiel von Nick McCabe. *Urban Hymns* gehört in jede gut sortierte Plattensammlung, erst recht in die des Leverkusen-Fans, Damit man sich auch zu Hause regelmäßig die Gänsehaut abholen kann, wenn man in Stimmung ist. Ach, zum Schluss gibt es doch noch eine wunderbare Parallele zu Bayer Leverkusen. Die höchste Platzierung des Songs in den jeweiligen Landescharts war welcher Platz? Richtig. Der 2. Platz. In Italien und Großbritannien. Könnte Zufall sein, muss es aber nicht.

77. GRUND

Weil man in der BayArena flugs ins Internet kommt

Kann man sich das überhaupt noch vorstellen? Ein Leben ohne Internet? Ohne Handy? Ohne ständige Verfügbarkeit und Erreichbarkeit? Mal eben googeln, was dies oder jenes bedeutet. Oder als Fußballfan natürlich immer mal schauen, wie es auf den anderen Plätzen steht. Immer eine große Freude, wenn man einen Blick aufs Handy wirft und feststellt, dass der ärgste Konkurrent gerade zurückliegt.

Früher war das anders. Vor allem in den entscheidenden Phasen der Saison gingen die Menschen mit kleinen Transistorradios ins Stadion und hörten gebannt der Spieltagkonferenz im Radio zu.

Nebenbei lief das Spiel auf dem Platz, und man musste sich irgendwie immer auf beides konzentrieren, was gar nicht so leicht war. Wenn dann etwas im Radio passierte, also auf einem anderen Platz, sprach sich das Ereignis in Windeseile im Stadion herum.

Die Schalker Minutenmeisterschaft von 2001 beispielsweise wäre wohl so nie passiert, wenn es schon das Internet in der mobilen Form von heute gegeben hätte. Stattdessen feierten die Menschen in Gelsenkirchen-Buer schon die Meisterschaft, während in Hamburg die Münchener noch spielten und in der 5. Minute der Nachspielzeit doch noch das Unmögliche wahr machten und via Freistoß von Patrick Andersson die Meisterschaft sicherten.

Wie gesagt, heute sähe das wohl anders aus. Doch nicht immer ist das Internet im Stadion besonders verlässlich. Zu viele Menschen greifen auf die Sendemäste der Mobilfunkbetreiber zu, und schon kann es mal passieren, dass man doch kein Internet hat. Böse Zungen behaupten sogar, dass die Polizei gelegentlich Störsender im Fußballumfeld einsetzt, um die Informationshoheit zu behaupten.

Bayer Leverkusen hat sich gegen all diese Fälle gewappnet und bietet seit der laufenden Saison einen wunderbaren Service für die Fans der Werkself an. Zusammen mit einem Mobilfunk- und einem Technikanbieter hat man sich entschlossen, ein drahtloses Netzwerk in der BayArena anzubieten, sodass die Fans nicht nur die Ergebnisse auf den anderen Plätzen mitverfolgen können, sondern sogar über dieses Netzwerk und eine entsprechende Applikation Tore oder spielentscheidende Szenen auf dem Handy anschauen können.

Die schöne neue Welt nimmt Einzug in die BayArena und löst für viele Menschen ein Problem. Das, was in der normalen Welt die Ausnahmesituation ist, nämlich mal nicht erreichbar zu sein oder mal keinen Internetanschluss zu haben, ist dann im Stadion wieder garantiert, und die Werkself muss wohl nie in die Verlegenheit kommen, eine Minutenmeisterschaft zu feiern. Wenn schon, dann richtig!

KAPITEL 8

DOOF, ABER LIEBENSWERT

DIE VERMEINTLICHEN SCHWÄCHEN DER WERKSELF

78. GRUND

Weil nicht mal 24 Spiele in Folge ohne Niederlage zur Meisterschaft reichen

Die Saison 2009/2010 war eigentlich eine verheißungsvolle Saison. Jupp Heynckes kam nach einem Kurzzeitengagement bei den Bayern aus München nach Leverkusen und ließ die Hoffnung reifen, dass man sich nach zwei verpassten Qualifikationen für den internationalen Wettbewerb endlich wieder im oberen Tabellendrittel etablieren könne. Vom FC Liverpool kam mit Sami Hyypiä zusätzlich ein defensiver Haudegen mit dermaßen viel Erfahrung, dass es nur eine Spitzensaison werden könnte.

314 Premier-League-Spiele hatte der 35-jährige Finne auf dem Buckel und 2005 sogar den Champions-League-Sieg errungen. Am Kop in Liverpool, der berühmt-berüchtigten Tribüne an der Anfield Road, wurde Hyypiä mit Tränen verabschiedet, in Leverkusen mit offenen Armen begrüßt. So entwickelte sich gerade die Kombination von Erfahrung auf der Bank in Person von Jupp Heynckes und Erfahrung auf dem Platz in Person von Sami Hyypiä als Erfolgsrezept für die Saison.

Bayer stellte einen bis dahin unerreichten Startrekord von 24 unbesiegten Spielen in Folge auf. Nach einem unglücklichen Remis zu Beginn der Spielzeit gegen Mainz folgten vier beeindruckende Siege gegen Hoffenheim, Freiburg, Bochum und Wolfsburg. Am achten Spieltag setzte man sich dann nach einem Erfolg über Nürnberg an der Tabellenspitze fest und gab den Platz an der Sonne erst am 23. Spieltag wieder ab. Leverkusen wurde Herbstmeister und verzückte lange Zeit die neutralen Beobachter der Liga.

Doch die Saison forderte ihren Tribut. Viele verletzte Spieler und die Unerfahrenheit des noch relativ jungen Teams führten dazu, dass Bayer den Triumphlauf nicht bis zum Ende der Saison durchhielt und kurz vor Schluss scheiterte. Da halfen auch nicht die Erfahrung von Heynckes und Hyypiä. Gerade gegen den 1. FC Köln verlor man am 24. Spieltag die Tabellenführung an den FC Bayern. Köln hat sich ein 0:0 in der BayArena ermauert und somit den Rekordmeister aus Bayern in die bessere Position gebracht.

Am Spieltag danach folgte dann, was zwangsläufig in Leverkusen früher oder später passiert: der Einbruch. Gegen Nürnberg kassierte man die erste Niederlage der Saison. Eine Pleite, von der man sich bis zum letzten Spieltag nicht mehr richtig erholen sollte. Zwar hatte man nach einem 0:3-Rückstand gegen die Franken noch mal Moral bewiesen und war auf 2:3 herangekommen, doch der Ausgleich sollte nicht mehr fallen. Leverkusen gewann nur noch zwei der letzten neun Matches und rutschte auf Rang 4 ab. Statt Meisterschaft wurde es sogar nur ein Platz in der UEFA Europa League. Mal wieder. Nicht einmal 24 ungeschlagene Spiele in Folge reichen, um dieses Ziel zu erreichen. Es war übrigens nicht das erste Mal, dass Leverkusen genauso lange ungeschlagen blieb in seiner Vereinsgeschichte. Saisonübergreifend von 1977/1978 zu 1978/1979 blieb Leverkusen ebenfalls 24-mal in Folge in der 2. Bundesliga Nord ungeschlagen. Am Ende winkten als Belohnung die Zweitliga-Meisterschaft und der Aufstieg in die höchste deutsche Spielklasse. Man kann also auch anders, was Hoffnung für die kommenden Jahre macht.

79. GRUND

Weil man einen heutigen Drittligaverein legendär machte

Wer im Jahr 2000 der Bundesligakonferenz des 34. Spieltags im Radio lauschte, durfte spätestens um 15.51 Uhr denken, dass die Meisterschaft so gut wie gelaufen war. »Tor in Unterhaching – Michael Ballack trifft«, so die Nachricht, die über den Äther ging. Ein wissendes Lächeln huschte über des Hörers Gesicht. Jetzt konnte Leverkusen bestimmt niemand mehr den Titel nehmen. Die drei Tore, die der

Konkurrent aus München gerade zu Hause gegen Bremen erzielt hatte, waren egal. Die Werkself als Tabellenerster brauchte einen Punkt aus dem Auswärtsmatch bei der Spielvereinigung Unterhaching. Bayern München dagegen, als letzter verbliebener Konkurrent im Meisterschaftskampf, musste auf eine Pleite des von Christoph Daum trainierten Teams hoffen, bei einem gleichzeitigen Sieg gegen Bremen. Die Tordifferenz spräche dann für den Rekordmeister. Es folgt die Schalte nach Unterhaching. »Das glauben Sie nicht«, hallte es aus dem Radio, »Michael Ballack hat ins eigene Tor getroffen.« Unterhaching führt, München ist plötzlich virtueller Meister – Leverkusen nur noch Zweiter. Und dann läuft für die Werkselfkicker alles nur noch wie in Trance ab. 69 Minuten blieben noch, um den Ausgleich im »Stadion am Sportpark« zu erzielen, doch die Beine der Akteure wurden schwerer und schwerer, Pässe kamen zu kurz, Flanken flogen ins Aus – was die ganze Saison über scheinbar mühelos gelang, sollte in Haching in einer Katastrophe enden.

Unterhaching wurde Sinnbild für die Leverkusener Pleiten der Folgejahre. Vizekusen begann in Unterhaching. Einem Verein, der heute in der 3. Liga spielt. Zwölf Jahre später war die Dankbarkeit der Münchener noch so groß, dass man ein Spendenspiel für Unterhaching organisierte, da der Drittligist keinen Hauptsponsor hatte und die Kassen leer waren. Dank des Meistertitels 2000. »Für uns war es das lockerste Spiel des Jahres«, erklärte Hachings Markus Oberleitner nach dem Spiel damals. Jener Oberleitner, der in der 72. Minute auch noch das 2:0 für Haching erzielte und die Werkself mit Ballack, Ponte, Neuville, Kirsten und Schneider in ein tiefes Tal der Tränen schickte.

Nach dem Schlusspfiff feierte dann ganz Bayern. Haching verhalf den Nachbarn aus der Landeshauptstadt zum 16. Meistertitel. Leverkusen ging wieder einmal leer aus. Zurück bleibt das Schreckgespenst aus Unterhaching – doch Bayer-Anhänger dürfen sich freuen. So bald dürfte die Spielvereinigung wohl nicht mehr in der 1. Liga spielen, um der Werkself eine Meisterschaft zu vermiesen.

80. GRUND

Weil ein Leverkusener einen Rekord hält, der wohl so schnell nicht gebrochen wird

Zugegeben, es gibt Rekorde, auf die man mit mehr Stolz zurückblickt, aber dennoch sind Rekorde ja nun auch etwas Besonderes. Und dieser Rekord ist zwar kein besonders schöner, sagt aber noch lange nichts über den Spieler aus. Jens Nowotny liegt auf Platz 1 einer eher unschönen Statistik. Er hat die meisten Roten Karten in der Bundesliga-Geschichte kassiert. Acht an der Zahl. Fünf Glattrote Karten und drei Gelbrote Karten. Einsame Spitze. Auf den Plätzen 2 und 3 folgen illustre Größen wie Stefan Effenberg und Sergej Barbarez. Danach muss man schon länger suchen, bis man den ersten überhaupt noch aktiven Spieler findet.

Doch bedeuten viele Rote Karten auch, dass man ein Treter ist? Der ehemalige FIFA-Schiedsrichter Herbert Fandel möchte Jens Nowotny nicht als unfairen Sportsmann verstanden wissen: »Laut Statistik hat er die meisten Platzverweise aller Bundesligaspieler, das stimmt. Doch Jens Nowotny deswegen als unfairen Treter zu bezeichnen, ist der falsche Schluss.«[94] Fandel selbst schickte Nowotny zweimal mit einer Roten Karte vom Platz. Der 1974 geborene Abwehrspieler war von 1996 bis 2006 bei Bayer Leverkusen aktiv und absolvierte für den Werksverein 231 Spiele. Für die Nationalmannschaft stand der Defensivmann 48-mal auf dem Platz. Nowotny galt in Leverkusen als zuverlässiger Abräumer im Defensivverbund und zeichnete sich durch seine Kompromisslosigkeit aus. Eine Kompromisslosigkeit, die dann auch des Öfteren zu einer Verwarnung führte oder gar zu Schlimmerem.

Die Roten Karten, so Nowotny, seien aber nicht immer verdient gewesen. In einer Fernsehsendung versuchte man einmal, die Platzverweise genauer zu analysieren. »Wir kamen zu dem Ergebnis, dass ich viermal berechtigt und viermal unberechtigt vom Platz gestellt wurde. In dieser Sendung wurde allerdings auch das Dilemma deutlich, denn jeder, der sich die Situationen in den Wiederholungen ansah, hatte eine andere Meinung – trotz Superzeitlupe«[95], so der Abwehrspieler, der, wenn er dann mal vom Platz musste, auch nicht lange lamentierte. »Wurde jemals eine Entscheidung aufgehoben, weil sich ein Spieler lautstark beklagte?«[96], erklärt Nowotny seine Gelassenheit in diesen Situationen.

Alle seine Roten Karten in Leverkusen waren Notbremsen, bis auf eine Ausnahme. Im Spiel gegen Schalke 04 im Jahr 2000 verzögerte er kurz vor Ende der Partie dermaßen das Spiel, dass er eine Gelbe Karte von Schiedsrichter Herbert Fandel erhielt. Es war die zweite und somit musste Nowotny mit der Ampelkarte vom Platz. Seine letzte Rote Karte gab es für eine Notbremse an Borussia Dortmunds Dede am 30. Oktober 2004. Doch auch da war es kein grobes Foulspiel, sondern eher ein unglückliches Beinstellen. Wieder war es Herbert Fandel, der Nowotny vom Platz stellte.

Die ganz großen Spiele verpasste er leider aufgrund seiner Verletzungsanfälligkeit. So gingen die drei Jahrhundertpleiten im Vizejahr 2002 an ihm vorbei. Manch Fan lamentiert noch heute, dass es mit Nowotny bestimmt zu einem Titel gereicht hätte. Immer wiederkehrende Knieprobleme führten schließlich zu seinem Karriereende 2007. Nowotny hält einen einsamen Negativ-Rekord, aber das macht ihn noch lange nicht zu einem schlechten Spieler.

81. GRUND

Weil man trotz Bruno Labbadia ins Pokalfinale 2009 kam

2009 hatte Leverkusen noch mal die Chance, etwas Großes zu erreichen. Ein zweites Mal den DFB-Pokal gewinnen. Aber es sollte nicht klappen. Beim Schreiber dieses Buchs setzen alte Reflexe ein. Es ist Ende Mai 2009. 22.47 Uhr. Ich wähle die Nummer. Tippe langsam auf der Tastatur meines Telefons herum. Vertippe mich. Lege das Gerät beiseite. Trinke einen Schluck. Wische meine feuchtschwitzigen Hände am Sofa ab. Ich dachte, dass das nie wieder passieren würde. Nie wieder. Sieben Jahre ist das her. Das Trauma.

Mein Therapeut hatte mir damals dazu geraten, dem Problem ins Auge zu blicken. Mich mit meiner Angst zu konfrontieren. So wie bei Höhenangst. Immer ein Schrittchen höher hinaufsteigen. Aber bei meinem Problem ist das nicht so leicht. Ich habe das ja nicht selbst in der Hand. Worum es geht? Fan sein von Leverkusen. Das Vizekusen-Trauma. Immer nur Zweiter werden.

Wie gesagt, ich hab es nicht in der Hand. Das Team muss mir helfen. Man hätte sich langsam wieder Meisterschaften und Pokalsiegen annähern können, sodass ich die Hoffnung bekommen hätte, dass mal wieder ein Erfolg zu Buche steht, aber nein. Sieben Jahre habe ich gedarbt und verdrängt. Mein Therapeut sagte, das wäre nicht gut. »Freunden Sie sich mit einem neuen Team an. Probieren Sie es mal mit Mainz oder Hamburg.« Ging nicht. Habe ich nicht geschafft.

Und dann dieses Jahr. Pokalfinale. Ich habe meinen Therapeuten extra vorher nicht angerufen. Ich wollte ihn anrufen und sagen: »Geschafft! Ich muss mich nicht mehr vor zweiten Plätzen fürchten. Wir sind sogar Pokalsieger geworden.« Tja – das hat leider nicht geklappt. Wir sind wieder nur Zweiter geworden. Da hätten wir noch Stunden weiterspielen können und es wäre trotzdem nur der Verliererplatz gewesen. Inzwischen zittern meine Hände nicht mehr ganz so doll. Ich tippe noch mal die Nummer ein. Drücke auf den Wählen-Knopf. Das Freizeichen erschallt in meinem Ohr. Ich warte, tuut, tuut. Dann hebt irgendjemand ab. »Peters, ich habe Ihren Anruf erwartet.« – Bittere Tränen rinnen mir die Wangen herab. »Therapeut, ich dachte, wir könnten es schaffen.« Doch die Stimme am anderen Ende unterbricht mich.

»… deshalb bin ich rüber in die Kneipe und mein Anrufbeantworter empfängt Sie. Aus psychologischer Sicht, hättet ihr den

Trainer rauswerfen sollen. Schon vor Wochen. Kommen Sie Dienstag um 11.00 Uhr vorbei, dann lassen wir die Saison ganz sachlich Revue passieren.« Bruno Labbadia stand 2009 als Trainer in Leverkusen an der Seitenlinie. In der Bundesliga lief es gar nicht rund – im Pokal reichte es fürs Finale. Am Vortag wurde ein Interview mit Labbadia in der *Süddeutschen Zeitung* veröffentlicht, in dem er mit Leverkusen abrechnet. Die Spieler probierten ihr Bestes, aber das Interview saß. Es war Labbadias letztes Spiel in Leverkusen.

82. GRUND

Weil das Wörtchen »ausgerechnet« durch Bayer eine besondere Bedeutung bekam

Man könnte meinen, dass einem von so einem Tag etwas anderes im Gedächtnis hängen bleibt, doch bei mir war es »San Iker« – der heilige Iker Casillas. Es war der 15. Mai 2002. Der Tag des ominösen Champions-League-Finales der Leverkusener gegen Real Madrid. In Glasgow spielte die Werkself um den letzten möglichen Titel in einer grandiosen Saison. Meisterschaft und DFB-Pokalfinale hatte das Team von Coach Klaus Toppmöller schon verloren, und nun stand man als Außenseiter im Finale des vermeintlich wichtigsten Vereins-Wettbewerbs der Welt. Bayer verlor 2:1. Raul brachte Madrid in der neinten Minute in Front. Lúcio glich nur fünf Minuten später aus. Die Erinnerungen an die ersten Minuten des Spiels sind eher schwach, außer dass Bayers Keeper Hans-Jörg Butt nicht so richtig auf der Höhe war. »Beim ersten Treffer sah ich unglücklich aus«[97], gab er im Nachhinein zu. Manch Bayer-Fan warf ihm auch bei Reals zweitem Treffer eine gewisse Schläfrigkeit vor, doch hängen blieb hier vor allem die Genialität von Zinédine Zidanes Volleyschuss in den Winkel. Das alles ist in der Erinnerung irgendwo vergraben, aber wie gesagt, hängen blieb Iker.

»San Iker«, wie er nach dem Spiel heißen sollte, saß an diesem Tag auf der Ersatzbank von Real Madrid. Trainer Vicente del Bosque hatte César Sánchez den Vorzug gegeben. Casillas war 2002 erst 20 Jahre alt, galt aber schon als der spanische Torhüter der Zukunft. Dennoch setzte del Bosque auf den zehn Jahre älteren Sánchez und der ein oder andere Bayer-Fan dürfte noch heute den Moment verfluchen, als dieser sich im Finale verletzte. Also musste Casillas ran, und genau dieser Augenblick bleibt fest in meinem Hirn verankert. Der Moment, als der Kommentator anhebt, dass da ein junger Mann auf den Platz kommt und der noch unerfahren ist und sicherlich nicht die Qualität von Sánchez habe und dies nun ein Vorteil für Bayer ist und man ja dann auch den Ausgleich erzielen könnte.

In diesem Moment klingelte es in meinen Ohren und die Sorge kam auf, dass das Wort »ausgerechnet« heute noch eine größere Bedeutung bekommen könnte. Ausgerechnet dieser Ersatztorhüter sicherte am Ende Real den Sieg. Ausgerechnet Casillas parierte Ball um Ball in den Schlussminuten, als Bayer mit der letzten Kraft gegen das totale Versagen ankämpfte. Die dreifache Niederlage in Meisterschaft, Pokal und Champions League. Ausgerechnet Casillas zeigte an diesem Tag, was er zu leisten imstande ist.

An diesem Abend wurde »San Iker« geboren. Der Torhüter, der Spanien auch zur Welt- und Europameisterschaft führen sollte. Der fünffache Welttorhüter, dessen großer Stern an diesem Abend zu leuchten begann. Ausgerechnet an diesem Abend. So sitze ich noch heute bei jedem Spiel und bekomme Gänsehaut und Schweißausbrüche, wenn der Gegner einen Spieler einwechselt, den der Kommentator für unwichtig hält. Der das Spiel eh nicht mehr beeinflussen kann. Weil er es am Ende doch könnte. Ausgerechnet dieser.

83. GRUND

Weil aus peinlichen Aktionen noch etwas Gutes werden kann

Der 15. Februar 2012. Es ist das Spiel der Saison für Bayer Leverkusen. Im Champions-League-Achtelfinale ist das Los auf den FC Barcelona als Gegner gefallen. Die beste Klubmannschaft der Welt. Besetzt mit Weltstars wie Lionel Messi, Sérgio Busquets oder Cesc Fàbregas. Leverkusen ist klarer Außenseiter, aber gerade dadurch nährt sich die Hoffnung. Warum dem großen FC Barcelona nicht ein Schnippchen schlagen und ein bisschen auf der Nase tanzen. Ein Tor schießen oder vielleicht am Ende ein Unentschieden holen, und dann muss Barcelona auch erst einmal das Rückspiel gewinnen. Trainer Robin Dutt hatte seine Mannschaft defensiv eingestellt. »Wir wollten das erste Pressingspiel mit langen Bällen in die Spitze überbrücken«[98], erklärt Michal Kadlec die Taktik seines Trainers, die dann jedoch vorerst nicht aufging.

Bayer spielt lange wie das Kaninchen vor der Schlange. Verharrend, ängstlich, bewegungslos, und Barça kombinierte. 67 Pässe spielten Sergi Busquets und Cesc Fabregas in der ersten Hälfte zu ihren Mitspielern. Das war genau ein Pass mehr, als Leverkusens gesamter Mannschaft gelang. Das Tor fiel dann schon zwangsweise, jedoch ließen sich die Katalanen lange Zeit. Erst in der 41. Minute zauberte Messi und bediente Stürmerkollege Alexis Sánchez mit einem Außenristpass, den dieser durch die Beine Lenos im Tor der Leverkusener unterbrachte. Mit dem 0:1 rettet sich Bayer in die Umkleide, wo sich dann kuriose Szenen abspielen. Manuel Friedrich und Michal Kadlec sind vor allem darauf aus, das Trikot von Lionel Messi zu bekommen. Friedrich ist schneller, doch Kadlec macht mit dem Weltfußballer aus, das Trikot nach dem Spiel zu tauschen. Zwei Profifußballer, die in einem so wichtigen Spiel nur darauf aus sind, das Trikot einer Legende zu erhaschen.

Eine Geschichte, die noch ein Nachspiel haben soll. In der zweiten Hälfte gelingt es der Werkself dann tatsächlich, ins Spiel zu kommen, und das mehr als beeindruckend. Der gerade erwähnte Michal Kadlec, beflügelt von dem bevorstehenden Trikottausch, erzielt sieben Minuten nach dem Wechsel den Ausgleich. Sein Kompagnon im Kampf ums Messi-Trikot dagegen ist wohl noch in Gedanken beim Textil in der Kabine, denn nur drei Minuten später düpiert Sánchezden Innenverteidiger und netzt zum 1:2 ein. In der Folge ist Bayer aber hellwach und kommt zu zahlreichen Chancen. Gonzalo Castro trifft nur den Pfosten, und in der Endphase vergibt Stefan Kießling aus bester Position eine Kopfballchance.

Es kommt, wie es kommen muss. Die eine Mannschaft nutzt ihre Chancen nicht, die andere kontert und trifft. Wieder sieht Friedrich nicht gut aus und muss Messi ziehen lassen, der kurz vor Ende der Partie das entscheidende 1:3 erzielt. Statt mit einem Remis steht Bayer am Ende mit leeren Händen da. Bis auf Kadlec und Friedrich, die wenigstens das Messi-Trikot für den Trophäenschrank zu Hause ergattern konnten.

Doch weit gefehlt. Noch im Kabinentrakt zürnte Sportdirektor Rudi Völler über die Souvenirjäger. »Ich garantiere, dass Kadlec und Friedrich ihre Messi-Trikots zu einem guten Zweck versteigern werden«[99], grantelte der Weltmeister von 1990. Und so kam es dann auch. Michal Kadlecs Trikot beispielsweise wurde in Thomas Gottschalks Talkshow versteigert. Der Komiker Oli Pocher und der Fußballer Jan Schlaudraff boten zusammen 12.012 Euro, die daraufhin einer Behindertenwerkstatt in der Nähe von Prag zugutekamen. Immerhin hatte die Aktion doch noch einen guten Zweck.

84. GRUND

Weil Simon Rolfes auch nur Zweiter in der Liste der schnellsten Platzverweise ist

Irgendwie typisch. Man wünscht sich unbedingt Rekorde für seinen Verein. Die meisten Meisterschaften zum Beispiel. Die meisten Punkte in einer Spielzeit. Die meisten Tore in einer Saison. Das schnellste Tor aller Zeiten oder die meisten Schnurrbartträger, die je in einer Startelf standen. Doch bei Bayer sieht das schnell mal anders aus. Vizekusen zieht sich wie ein roter Faden durch die Historie des Werksvereins, und da verwundert es wenig, wenn die Zwei an allen Orten immer wieder auftaucht.

Leverkusen spielte in der Saison 2012/2013 am 10. Spieltag gegen die Fortuna aus Düsseldorf. Ein brisantes Spiel der beiden rheinischen Rivalen. Auf der einen Seite der Düsseldorfer Aufsteiger, auf der anderen Seite der Champions-League-Aspirant, und dementsprechend hoch ging es im Spiel in der BayArena her. Die Werkself ging durch Sidney Sam früh in Führung, doch Düsseldorf glich noch vor der Pause durch Raffael aus. Nahezu direkt im Gegenzug war dann wieder André Schürrle mit dem 2:1 zur Stelle. Mit diesem Ergebnis ging es dann auch in die Pause.

Nach dem Wiederanpfiff gab es dann Szenen auf beiden Seiten, und das Trainerteam um Sascha Lewandowski und Sami Hyypiä sah eine teils etwas unstrukturiert agierende Werkself. Was tun in solchen Momenten? Einen Spieler auswechseln. Sidney Sam, bis dahin ständiger Unruheherd musste dem etwas defensiver agierenden Simon Rolfes in der 65. Minute Platz machen. Eine nachvollziehbare Entscheidung der Trainer, die jedoch beinahe im Chaos endete.

Denn Rolfes war nur 75 Sekunden auf dem Platz, als er in einen Zweikampf im Mittelfeld verwickelt wurde. Mit einer schnellen Drehung wollte er seinen Gegenspieler Adam Bodzek hinter sich lassen, doch es kommt anders. »Ich lege mir den Ball zu weit vor und spiele dann Foul – aber das war maximal Gelb, unglaublich ärgerlich, völlig unnötig«[100], erklärt der Kapitän der Werkself. Die Folge dieser Aktion: die zweitschnellste Rote Karte in der Bundesligageschichte. Natürlich. Nur Marcel Titsch-Rivero von Eintracht Frankfurt musste schneller vom Platz. Ganze 43 Sekunden benötigte er für diesen Rekord.

Für Bayer ging doch noch alles gut aus. Am Ende siegte die Werkself mit 3:2 und der DFB verhängte nur ein Spiel Sperre für Rolfes. Ein Zeichen dafür, dass der Schiedsrichter sich vielleicht etwas vergriffen haben könnte in der Kartenwahl. In der Regel gibt es fast immer zwei Spiele Sperre für eine Rote Karte. Schon der *kicker* hatte die Entscheidung von Schiedsrichter Brych kritisiert und damit die Richtung für den DFB vorgegeben: »Rot für Rolfes war eine Fehlentscheidung, weil der Leverkusener nur zum Ball ging und den von Bodzek reingestellten Unterschenkel nicht mit seinem Spielbein traf.«[101]

So blieb Bayer dann ein Eintrag in den Annalen der Fußballgeschichte verwehrt. Vielleicht auch nicht schlecht.

KAPITEL 9

CALLI, BETRÜGER, TRIKOTS UND NOCH MEHR

DER VEREIN, DAS DRUMHERUM UND IHRE FÜHRUNG

85. GRUND

Weil man mit Wolfgang Holzhäuser einen anstrengenden, aber auch ideenreichen Geschäftsführer hatte

Wolfgang Holzhäuser war ein streitbarer Mann. Der Geschäftsführer von Bayer Leverkusen ist in seiner Karriere als Fußballfunktionär in regelmäßigen Abständen mit dem DFB, anderen Fußballfunktionären, Spielern oder Fans aneinandergeraten oder hat sich durch nicht gerade stromlinienförmige Äußerungen selten beliebt gemacht. Als er 2007 nach dem Tod von Werner Hackmann im Gespräch war, DFL-Präsident zu werden, riet ihm der Kölner Manager Michael Meier dazu, nicht zu kandidieren. Seine Zeit als kommissarischer DFL-Präsident wäre schon mehr als anstrengend genug gewesen, so Meier.

In Leverkusen musste Holzhäuser immer wieder den Geldhahn zudrehen und machte sich so keine Freunde. Der Hesse war aufs Sparen bedacht, schließlich hatte er 2007 den Stadionausbau zu verantworten, der ein großes Loch in die Kasse der Bayer-Fußball-AG riss. »Vizemeister kann man auch mit weniger Geld werden«[102], erklärte er augenzwinkernd. Unter Reiner Calmund waren noch standardmäßig 50 Millionen vom Konzern in die Fußballabteilung geflossen. In regelmäßigen Abständen krittelte Holzhäuser dann am DFB herum, der den Vereinen die Sponsoren abgräbt oder unsinnige Länderspielreisen initiierte. Hans-Joachim Watzke warf er Populismus vor, weil der BVB-Boss in die Werksklub-Kerbe schlug.

Auch mit Heribert Bruchhagen von Eintracht Frankfurt lieferte er sich ebenfalls immer wieder Grabenkämpfe. »Ein guter Mann, aber am Ende auch nur ein Dieb«, so Holzhäuser lachend. Bayers Mittelfeld-Brasilianer Renato Augusto nannte er einst einen Alibi-Fußballer. Als die Fans sich gegen Trainer Robin Dutt wandten, nahm er kein Blatt vor den Mund und stellte sich demonstrativ vor den Coach.

Aber Wolfgang Holzhäuser war auch immer ein Mann, der gute Ideen hatte und sich für die Bundesliga und für den Sport einsetzte. Zwar fand er selten ein offenes Ohr, dennoch wirken manche seiner Vorschläge nicht gerade als fixe Ideen. So sah der Geschäftsführer, dass es neben dem Fußball kaum noch anderen Sport im Fernsehen zu sehen gab, und forderte, dass die Bundesligisten einen Beitrag für andere Sportarten leisteten, damit die weiter gefördert werden könnten. »Durch den neuen TV-Vertrag haben alle Vereine nun gut zehn Millionen Euro mehr im Jahr. Mein Vorschlag war, ob wir Bundesligisten uns nicht darauf verständigen könnten, einen geringen Prozentsatz davon anderen Sportarten zur Verfügung zu stellen. Aber viele haben mich ausgelacht.«[103]

Ähnliches passierte ihm bei Überlegungen, dass man die ersten vier Plätze der Bundesliga in einem Play-off-System austrägt und dass man den Spielplan reformiert. Das Rückspiel gegen einen Verein sollte nicht erst ein halbes Jahr später stattfinden, sondern schon in der Woche danach. Zusätzlich sollte ähnlich dem Europa-Pokal-Modus der Sieger aus Hin- und Rückspiel belohnt werden. In diesem Fall mit Extrapunkten.

Mit letzterem Vorschlag rief er sogar die FIFA-Spitze auf dem Plan. »Der Vorschlag war so brisant, dass Sepp Blatter einen Brief schrieb, um uns davon abzubringen, und Franz Beckenbauer sagte: »Fußball muss einfach bleiben, den muss sogar meine Oma verstehen.«[104] Wer weiß? Vielleicht werden Holzhäusers Ideen, die sich auf dem Papier gar nicht so schlecht anhören, doch eines Tages umgesetzt. Dann ist Holzhäuser jedoch schon im Ruhestand. Im Sommer 2013 zog sich der Hesse aus dem aktiven Fußballgeschäft zurück und widmet sich nun seinen Hobbys: der Musik und dem Wein.

86. GRUND

Weil man eine Telefonhotline für (Wett-)Betrüger hat

Neulich spielten irgendwo auf dem afrikanischen Kontinent – genauer gesagt in Nigeria – zwei Amateurklubs um den Aufstieg in den Profifußball. 79:0 siegte Plateau United Feeders in ihrem Playoff-Spiel gegen den FC Akurba und »nur« 67:0 deklassierte der FC Police Machine den FC Babayaro. Beide Teams wären somit eigentlich aufgestiegen, doch man muss nun kein Hellseher sein, um zu erkennen, dass da irgendetwas nicht mit rechten Dingen zuging. Der Verband teilte zunächst mit, dass es sich um eine irrsinnige Farce handele, die Nigeria so noch nicht erlebt habe. Inzwischen wurden diverse Sperren ausgesprochen, bis zum lebenslangen Ausschluss vom Fußball. Auch beim Gold Cup 2013 in den USA wurden Spieler angesprochen, ob sie nicht für ein kleines Entgelt ein Eigentor schießen könnten oder vielleicht nicht die übliche Leistung bringen könnten.

Doch nicht nur in Übersee oder außerhalb Deutschlands sorgte der ein oder andere Manipulationsskandal für Aufsehen, auch die Bundesliga war nicht vor Spielverschiebungen gefeit. Erstmals erschütterte 1971 ein Wettskandal die Bundesliga. Im Abstiegskampf wurden diverse Spiele manipuliert. Knapp 50 Spieler und diverse Funktionäre wurden zu Geldstrafen und Sperren verurteilt. Arminia Bielefeld und den Kickers aus Offenbach wurde die Lizenz entzogen. In diesem Jahrtausend schlug dann der Wettskandal um Ante Sapina und Schiedsrichter Robert Hoyzer große Wellen. Hoyzer hatte 2005 das DFB-Pokalspiel zwischen Paderborn und dem Hamburger SV geleitet, das überraschend die Ostwestfalen gewannen. Hoyzer sprach den Paderbornern zwei äußerst fragwürdige Elfmeter zu – nach diversen Ermittlungen stellte sich heraus, dass der Schiedsrichter Geld bekommen hatte, um das Spiel zu verpfeifen. Hoyzer wurde lebenslang gesperrt.

Mit diesen Themen setzte man sich auch in Leverkusen auseinander und richtete bei einer Kölner Kanzlei eine Hotline ein, bei der sich Spieler melden können, die Angebote von Betrügern bekommen. »Natürlich vertraue ich unseren Spielern«, erklärt Wolfgang Holzhäuser. »Trotzdem ist keiner davor gefeit, von Betrügern angesprochen zu werden. Und in solchen Situationen wollen wir helfend eingreifen«[105], so der Bayer-Chef. Zusätzlich fügte man in die Verträge der Kicker eine Klausel ein, die die Spieler dazu verpflichtet, solche Angebote anzuzeigen. In Leverkusen geht also hoffentlich alles mit rechten Dingen zu.

87. GRUND

Weil man für einen guten Zweck Werbung läuft

Bayer Leverkusen hat in den letzten Jahren eher schlechte Erfahrungen mit Trikotsponsoren gemacht. Allen voran der Vertrag mit Stromanbieter TelDaFax sorgt noch heute für Kopfschmerzen. TelDaFax musste 2011 Insolvenz anmelden. Doch damit nicht genug, denn der Insolvenzverwalter geht davon aus, dass Bayer von den finanziellen Problemen wusste, und reichte Klage ein. 16 Millionen soll Bayer zurückzahlen, doch bis heute ist in dieser Sache noch nichts geklärt. Die Sponsorensuche danach gestaltete sich als schwierig. Wolfgang Holzhäuser versuchte es, den Investoren möglichst schmackhaft zu machen, auf der breiten Bayerbrust zu werben. Da gab es Pakete nur für die Champions League oder nur für die Liga, doch am Ende sagte ein Solarzellenhersteller zu, sodass Bayer vorerst auch Geld aus der Trikotwerbung erlösen konnte.

2013 stellte sich dann erneut das Problem. Bayer wollte nicht irgendwen. Es gab mannigfaltige Angebote, und doch kam man zunächst zu keinem Ergebnis, was die Frage des Sponsors anging. Schließlich wollte man auch keinen erneuten Reinfall wie bei Tel-

DaFax riskieren. Für uns ist ganz wichtig, dass wir eine nachhaltige Partnerschaft wollen mit einer möglichst starken Marke«, so Holzhäuser, »aber auch dafür verkaufen wir uns nicht unter Preis.«[106] Also entschied sich Bayer zu Beginn der Saison 2013/2014 für ein außergewöhnliches Projekt. Statt irgendwas auf das Trikot drucken zu lassen, suchte man nach einem Charity-Projekt, das man mit Werbung unterstützen könnte. Heraus kam die Deutsche Knochenmarkspenderdatei (DKMS), die somit am 1. Spieltag auf dem Trikot der Leverkusener prangte. »Wir haben uns ganz bewusst für die DKMS entschieden, da wir auf ein wichtiges Gesundheitsthema aufmerksam machen wollen«[107], erklärte Holzhäuser ihren Entschluss.

Für den weiteren Verlauf der Saison ist eine weitere Aktion dieser Art geplant. Die DKMS ist in Leverkusen bereits dadurch bekannt, dass sich die Leverkusener Führungsspieler Simon Rolfes und Stefan Kießling typologisieren ließen, aber auch Sportdirektor Rudi Völler. Somit hat der fehlende Sponsor auf der Brust doch noch sein Gutes.

88. GRUND

Weil Leverkusen regelmäßig Punkte für die 5-Jahres-Wertung holt

Die 5-Jahres-Wertung der UEFA versteht niemand so richtig. Ein Koeffizient sorgt dafür, dass Jahr für Jahr unterschiedlich viele Plätze im internationalen Wettbewerb an die unterschiedlichen Ligen Europas verteilt werden. Deutschland bekommt derzeit beispielsweise gerade drei garantierte Champions-League-Plätze plus einen für die Champions-League-Qualifikation. Hinzu kommen zwei weitere Tickets für die Europa League. Wie das geht? In einem relativ komplizierten Verfahren bekommen alle Mannschaften, die an europäischen Wettbewerben teilnehmen, Punkte. Für Siege, für das Überstehen von Qualifikations- oder Gruppenphasen oder gar für die einfache Teilnahme. Diese gesammelten Punkte aller Teams eines Landes werden dann durch die Anzahl der Teams einer Nation dividiert. Das Ergebnis ergibt den Koeffizienten. Deutschland steht derzeit in dieser Rangliste auf Rang 3 und Leverkusen ist immer wieder ein guter Punktesammler.

Zwar blieben die ganz großen Erfolge bei den letzten Teilnahmen aus, dennoch überstand man immer sicher die Gruppenphase des jeweiligen Wettbewerbs und sammelte durch Siege fleißig Punkte. In der vergangenen Saison erreichte das Team von Sami Hyypiä und Sascha Lewandowski die Runde der letzten 32 der Europa League, überstand also die Gruppenphase und schied dann gegen den späteren Finalisten Benfica Lissabon aus. Zuvor sammelte die Werkself in der Gruppe K immerhin vier Siege und ein Remis, die für die 5-Jahres-Wertung zählen. Das sind immerhin neun wichtige Punkte für den Koeffizienten und der beste Wert aller deutschen Teams in der Gruppenphase der Europa League.

Im Jahr zuvor kämpfte sich die Werkself unter Robin Dutt tapfer durch die Gruppenphase der Champions League und setzte sich gegen Teams wie Genk, Valencia und Chelsea durch. Drei Siege und ein Remis standen am Schluss zu Buche. Wieder wichtige Punkte für den Koeffizienten, während Meister Dortmund sang- und klanglos als Tabellenletzter in der Königsklasse ausschied.

Auch die Teilnahme zuvor in der Europa League unter Heynckes oder im UEFA-Pokal unter Skibbe wurden meist erfolgreich gestaltet. 2011 erreichte man das Achtelfinale und 2007 und 2008 war man auf einem guten Weg Richtung Finale, scheiterte jedoch jeweils im Viertelfinale. Eins war immer sicher, wenn Leverkusen in einem europäischen Wettbewerb antrat – ein verfrühtes Ausscheiden gab es so gut wie nie für die Leverkusener. Immer kämpfte man tapfer nach seinen Möglichkeiten und sicherte wertvolle Punkte für die UEFA-5-Jahres-Wertung. Eine Tatsache, die nicht nur Leverkusen-Fans glücklich macht, sondern auch Anhänger anderer Vereine. Schließlich sichert der Koeffizient den deutschen Teams attraktive

Plätze in der Champions League. Und zu den aktuell vier möglichen hat auch Leverkusen sein Scherflein beigetragen.

89. GRUND

Weil Rot, Weiß und Schwarz die Farben der Saison sind

Natürlich sind für Leverkusen-Fans die Farben Rot, Weiß und Schwarz jedes Jahr die Farben der Saison. Es sind die Vereinsfarben von Bayer 04 Leverkusen. So richtige Farben sind natürlich Schwarz und Weiß nicht. Weiß ist die hellste aller Farben und ist wie Schwarz beispielsweise auch eine unbunte Farbe. Weiß im RGB-Farbaum entsteht aus der Mischung der Farben zu gleichen Anteilen aus Rot, Grün und Blau. Schwarz dagegen ist so eine Art Abwesenheit von Farben. Konzentrieren wir uns an dieser Stelle auf das Rot, das in der Wahrnehmung des Vereins sowieso den prominentesten Platz hat.

Rot sind die Sitzschalen in der BayArena. Rot ist auch ausnahmslos mindestens das Heim oder das Auswärtstrikot. Nur in den seltensten Fällen kommt ein Trikot ohne die Farbe Rot aus. Und Rot ist eine wunderbare Farbe, die so gut wie nur vom Menschen wahrgenommen werden kann. Auf Rot reagiert das menschliche Auge besonders empfindlich, wogegen die meisten anderen Säugetiere Probleme bei der Wahrnehmung haben. Das Ganze wird noch interessanter, denn die Farbe Rot hat die unterschiedlichsten Bedeutungen.

Rot kommt an ganz verschiedenen Orten zum Einsatz. Das rote Tuch beim Stierkampf zum Beispiel. Mit Rot wird der Stier scheinbar gereizt, doch in Wirklichkeit nervt das Tier nur der Matador. Im Straßenverkehr macht Rot auf alle möglichen Dinge aufmerksam und speziell das Stoppschild fällt besonders gut ins Auge. In der

Werbung machen die Verkäufer mit der Farbe auf ihre Produkte aufmerksam. Also, Spieler in roten Trikots reizen den Gegner, motivieren ihn zu stoppen und die Leverkusener Spieler werden in ihren roten Textilien ausgiebigst betrachtet und begutachtet. Für das Leverkusener Team natürlich eine wunderbare Gelegenheit, Tore zu schießen, solange man den Gegner natürlich nicht zu sehr reizt, denn das sprichwörtliche »Rotsehen«, soll ja nicht dazu führen, dass die Werkself-Kicker kaputt getreten werden.

Rot stand lange Zeit auch für die Farbe der Macht. Das hört man in Leverkusen gerne, denn wer wäre nicht gern die Fußballmacht Deutschlands, Europas oder gar der Welt. Der Bayer-Fan muss zugeben, dass das mit der Macht noch nicht so richtig gut funktioniert hat, aber wenn wir ehrlich sind, kommt diese Machtgeschichte ja auch eher aus dem Mittelalter. Kommen wir zum Schluss in Leverkusens Farbenlehre.

Doch dies reicht noch nicht, denn Rot ist noch mehr. Rot steht natürlich für die Liebe, für die Leidenschaft und die Freude. Und was passt besser zu Leverkusen und seinen Fans als diese Farbe? Jeder Anhänger der Werkself wird dies zu bestätigen wissen, dass die Liebe zum Verein schwer mit sonstigen Formen der Liebe zu vergleichen ist und von ungeheurer Leidenschaft geprägt ist, was zu großer Freude führt. Fußballfan, was willst du mehr. Was so eine Farbe alles auslösen kann. Verrückt, aber wenn es jemand wissen musste, dann die Farbenstädter aus Leverkusen.

90. GRUND

Weil in Leverkusen nicht mit Fantasiegeld gehandelt wird

100 Millionen Euro kostete dieser Tage Gareth Bale die Königlichen von Real Madrid. Eine Summe, die noch nie zuvor für einen Spieler auf der Welt ausgegeben wurde. 100 Millionen Euro. Wie viel Geld

ist das überhaupt? Hat jemand so viel Geld, und ist ein Spieler diese Summe überhaupt wert? 100 Millionen. Das sind acht Nullen auf dem Papier. Wer schon mal einen 100-Euro-Schein im Portemonnaie hat, der müsste 999.999 weitere 100-Euro-Scheine hinzufügen, um den Waliser zu finanzieren.

Es sind Summen, die derzeit über den Tisch gehen, die für den normalen Bürger oder für den normalen Fan nicht mehr vorstellbar sind. Man geht ins Stadion, um Menschen zuzuschauen, die in einem Jahr so viel verdienen wie man selbst in einem ganzen Leben. Ein Bale muss deshalb kein schlechtes Gewissen haben. Der Markt gibt diese Summe her, auch wenn man sich fragt, wie der spanische Verein in einem Land, das in einer finanziellen Krise essenziellen Ausmaßes steckt, diesen Betrag aufbringen kann.

Wenn man sich die Transferbilanz der Königlichen anschaut, steht der Verein mit geschätzten knapp 650 Millionen Euro in der Kreide. Von Financial Fair Play kann hier wohl kaum die Rede sein.

Umso löblicher ist es, dass in Leverkusen clever gewirtschaftet wird. Nach den umstrittenen Calmund-Jahren fuhren Rudi Völler und Wolfgang Holzhäuser eine Plus-Minus-Null-Bilanz ein. Dabei wurde an vielen Stellen sinnvoll in Spieler investiert, aber auch an anderer Stelle gewinnbringend verkauft. Alleine in der letzten Saison wurden geschätzte 35 Millionen eingenommen. Dabei machten die Verkäufe von Spielern wie André Schürrle, Daniel Carvajal und Michal Kadlec den Bärenanteil aus. Statt nun aus den Vollen zu schöpfen, gab Völler dem Markt nicht nach und investierte punktuell und zu fairen Preisen. Völler bekannte, dass ihm eine Menge Spieler angeboten worden wären, dass er jedoch nicht bereit gewesen wäre, die Fantasiesummen zu zahlen, die manch Verein gefordert hätte. Stattdessen tätigte er Bayers bis dato teuersten Einkauf in Person von Heung-min Son und überraschte durch die Verpflichtung von eher unbekannteren Spielern wie Emir Spahić oder Giulio Donati.

Ähnlich gingen die Bayer-Verantwortlichen auch in den letzten Jahren vor. Oftmals angelte sich Bayer junge Talente, die noch nicht die ganz hohen Summen kosteten, teils wurden diese dann an größere Klubs mit Gewinn abgegeben, aber in der Vergangenheit zeigte sich auch immer wieder das gesteigerte Selbstbewusstsein, dass man Millionen-Offerten von großen Klubs ablehnt. So musste André Schürrle ein Jahr warten, bis er dann doch – und vor allem aus eigenem Wunsch – zum FC Chelsea wechselte.

Lars Bender wurde ebenfalls heiß umworben von der Premier League, doch der defensive Mittelfeldspieler, der inzwischen nicht mehr aus der Mannschaft wegzudenken ist und die Mannschaft immer häufiger in Abwesenheit von Simon Rolfes als Kapitän aufs Feld führte, bekannte sich zu Bayer, verlängerte in Leverkusen bis 2017 und schmetterte zusammen mit Völler und Co. jegliche Angebote ab.

Die Transferpolitik macht Freude in Leverkusen, vor allem, wenn man auf das Finanzielle blickt. Die Vorwürfe, dass sich die Fußballabteilung nur aus der Konzernkasse finanziert, können getrost ad acta gelegt werden. Wer einmal zum Werksklub nach Wolfsburg schaut, wird die Unterschiede klar erkennen.

91. GRUND

Weil gesunde Fußballerbeine krankmachende Industrie vergessen lassen

In den Achtzigerjahren war Werbung auf dem Trikot noch nicht so selbstverständlich wie heute. Erstmals hatte 1967 Wormatia Worms versucht, mit dem Schriftzug »CAT« Geld zu verdienen. Der Baumaschinenhersteller hatte für die Bedruckung der Trikots des Regionalligisten Geld lockergemacht, jedoch hatte der Deutsche Fußballbund sehr schnell interveniert und die Werbung verboten. 1973 versuchte es dann Eintracht Braunschweig mit der berühmten Jägermeister-Werbung.

Auch hier schritt der DFB erneut ein und verbot das Marketing des Kräuterschnapses auf den Trikots von Spielern wie zum Beispiel Paul Breitner. Braunschweig lief dennoch auf und Eintracht-Sponsor und Jägermeister-Chef Günter Mast freute sich umso mehr, als der Verband weiter gegen die Eintracht vorging. Die Medienpräsenz des Streits sorgte natürlich für eine Menge Publicity für das Produkt und damit für weitere quasi kostenlose Werbung. »So viel, wie damals in diesem Zusammenhang über uns berichtet worden ist, hätten wir uns als Werbekampagne gar nicht leisten können.«[108] In der Folge erlaubte der DFB am 30. Oktober 1973 unter strengen Auflagen dann doch die Trikotwerbung. Es kam zu heute skurril anmutenden Kooperationen. »Campari« sponserte den Hamburger SV, »Allkauf« Fortuna Düsseldorf und »Auto Meister« und »Mampe« unterstützte Ende der Siebzigerjahre Hertha BSC.

Auch Bayer lief seit den Siebzigern Werbung, aber nicht für ein fremdes Unternehmen, sondern natürlich für das eigene Werk. Bayer hatte das Potenzial des Trikotsponsorings erkannt und sogar eine eigene Abteilung für Sportpromotion und Sportwerbung gegründet. »Das Unternehmensimage, das wissen wir aus Untersuchungen, ist hervorragend – mit der Einschränkung Chemie«, erklärte Willi Gierlich, Leiter der Abteilung Sportwerbung, 1990. »Das Image der Chemie ist janusköpfig. Durch den Sport können zwei Dinge geschehen. Erstens kann eine Intensivierung in ›frisch, jugendlich, fortschrittlich‹ usw. erfolgen, und es kann natürlich auch eine Stabilisierung des Images stattfinden.«[109]

Bayer hatte erkannt, dass der damals eher negativ in der Öffentlichkeit gesehene Bereich der Chemie durch etwas Positives wie Fußball oder Sport im Allgemeinen einen besseren Klang bekommt. »Also sollen gesunde Fußballerbeine krankmachende Industrie vergessen lassen«, so Gierlich. Darüber hinaus spart man auch eine Menge Geld für extra Werbung. »Bei der Liveübertragung eines Fußballspiels können sie, wir haben das abgestoppt, von fünf bis sieben Minuten Großeinstellungen ausgehen, mit deutlich sichtbarem Bayer-Kreuz«, erklärt Gierlich weiter. »Wenn man sieben Minuten auf eine ARD-Werbezeit ausrechnet, dann ist das ein Wert von 700.000 Mark.«[110]

Ein großer Batzen Geld, der durch Übertragungen im Ausland, durch Europapokalbegegnungen und die allgemeine Berichterstattung virtuell noch größer wird. Leverkusen war an dieser Stelle, was das Marketing angeht, einer der Vorreiter, was auch Gierlich bestätigt. »Wenn Sie heute als Agentur einen Brief an die gesamte erste und zweite Bundesliga schicken und bitten mal um Angebotsunterlagen für Bandenwerbung oder Anzeigen in der Stadionzeitung, dann kriegen Sie von der Hälfte der Vereine überhaupt keine Antwort.«[111]

Dies hat sich bis heute massiv verändert. Jeder Verein ist bis ins kleinste Detail durchgesponsert und erzielt Erträge bis in den zweistelligen Millionenbereich. Der ein oder andere Verein dürfte sich an Leverkusen etwas abgeschaut haben.

92. GRUND

Weil Bayer immer noch Plätze in der ewigen Tabelle gutmacht

Als Bayer Leverkusen am Ende der Saison 1979/1980 erstmals in der altehrwürdigen »ewigen Tabelle der Bundesliga« auftauchte, stand noch der 1. FC Köln an Position Nummer eins. Der Erzfeind der Werkself war ja immerhin zweimal Meister geworden und hatte auch noch weitere durchaus ansehnliche Spielzeiten hinter sich gebracht, als die Leverkusener noch in den unteren Ligen der Fußballgeschichte herumkrebsten. Bayer stieg in diesem Jahr auf Platz 30 in diese Liste ein und verbessert sich nun schon seit Jahren Platz um Platz.

Relativ bald ließ man heute exotisch klingende Namen wie Borussia Neunkirchen, den Wuppertaler SV, Rot-Weiß Oberhausen oder die Kickers aus Offenbach hinter sich. Als die Kölner 1984 von der Spitzenposition in der »ewigen Tabelle« vom Platz an der Sonne verdrängt wurden, rangierte Bayer gerade auf Platz 23. Der Rückstand auf den Konkurrenten von der anderen Rheinseite lag bei stolzen 966 Punkten. Doch die Werkself lässt sich natürlich von solchen Abständen nicht schockieren und sammelte in der Bundesligahistorie weiter fleißig Punkte.

Der große Abstand resultierte natürlich auch aus der wesentlich längeren Bundesliga-Zugehörigkeit der Kölner. 1998 bekamen die Geißbock-Freunde jedoch einen ersten herben Dämpfer verpasst. Köln stieg aus Liga 1 ab und der Hamburger SV zog in der »ewigen Tabelle« an den Domstädtern vorbei, und Leverkusen hatte nun die Möglichkeit, mächtig Boden gutzumachen. Erst 2000 spielte Köln wieder erstklassig, doch der Rückstand von Bayer betrug am Ende der Millenniums-Saison nur noch 812 Zähler.

Köln rutschte auch dank eher mäßiger Leistungen immer weiter ab und profitierte in der Tabelle vor allem von der langen Zugehörigkeit zur Bundesliga. Leverkusen dagegen machte zu Beginn des neuen Jahrtausends vor allem durch gute Leistungen Boden gut und verkürzte den Rückstand bis ins Jahr 2013 auf 354 Zähler. Köln steht auf Platz 8, während die Leverkusener auf der 11 stehen.

Würde man die erreichten Punkte pro Spiel als Grundlage nehmen, wäre die Werkself schon lange an Köln vorbeigezogen. 1,54 Punkte stehen da 1,47 gegenüber. Bayer wäre dann sogar Vierter, Köln nur Siebter. So knabbert das Team von der rechten Seite des Rheins weiter am Vorsprung der Kölner. Jahr für Jahr wird der Rückstand geringer. Nähme man die letzten zehn Jahre als Grundlage und schaut, wie viel Rückstand Leverkusen auf Köln gutgemacht hat, dann wäre Bayer in elf Jahren an Köln vorbeigezogen.

Das könnte aber schon viel früher passieren, wenn der FC weiter in Liga 2 spielt. Bis sich das ändert, wartet die Werkself bestimmt auch noch mit der ersten Meisterschaft. Es gibt ja kaum was Schöneres, als direkt nach dem Derby die Meisterschaft feiern zu können.

93. GRUND

Weil man in Leverkusen einen Löwen als Maskottchen hat und keinen Bock

Heutzutage dreht sich ja viel um Natur, Umwelt und soziale Gerechtigkeit in der Gesellschaft. Der Veggietag ist im Gespräch, Autos fahren mit möglichst wenig Sprit, die Wälder werden wieder aufgeforstet, Waschmittel lässt sich fast schon trinken, Kleidung ist fair gehandelt, und dann gibt es doch tatsächlich immer noch den Geißbock im Kölner Stadion. Seit 1950 schleppen die Kölner als Maskottchen einen armen Ziegenbock ins Stadion, wo Tausende von Menschen grölen, schreien und manchmal sogar jubeln. Der arme Bock musste sein natürliches Habitat verlassen, um sich von seltsam verkleideten Menschen angaffen zu lassen, und das Grün, das ihm eigentlich als Nahrung zur Verfügung stehen sollte, wird von anderen komischen Menschen mit Füßen getreten.

Eine Ungerechtigkeit, die sich da im RheinEnergieStadion abspielt. Eine klare Tierquälerei, ganz zu schweigen von der minderen fußballerischen Qualität, die dort angeboten wird. Das geht auf keine Kuh-, geschweige denn Bockhaut. Überhaupt – was treibt sich denn da in der Bundesliga an Maskottchen herum? Auf Schalke beispielsweise Erwin. Erwin ist ein seltsames Männchen, das vor allem aus Nase besteht. Natürlich könnte man jetzt einiges daran ableiten, aber es sind ja auch Kinder im Stadion. Verrückt, womit man seine Fans fangen will.

In anderen Stadien weiß man gar nicht, warum das Maskottchen das ist, was es ist. Der Münchener Bär beispielsweise. Berni. Sollte der eigentlich bei der Hertha angestellt sein? Und warum ein Elch in Hoffenheim? Natürlich gibt es eine Geschichte zum Elch – der ehemalige Torhüter Christian Baumgärtner setzte immer einen kleinen Elch auf die Bank – aber was hat das jetzt mit dem Verein zu tun? In Hamburg feuert ein Dino den Hamburger Sportverein an – die Vereinsverantwortlichen haben aber auch da nicht lange nachgedacht, denn wie jeder weiß, sind Dinosaurier doch ausgestorben, sodass es eigentlich nur eine Frage der Zeit sein kann, bis der HSV die Liga verlässt.

Gott sei Dank ist in Leverkusen noch alles in bester Ordnung. Schon im Gründungsjahr brüllte der Löwe vom Leverkusener Wappen, und was lag da näher, als den König der Tiere als Maskottchen zu installieren. Brian the Lion hatte seinen ersten Auftritt im Jahre 2002. Auftritt trifft es gut, denn der Löwe hat Schuhgröße 59, was standesgemäß ist, ganz im Gegensatz zu Wolfsburgs winzigem Wolf mit den kleinen Pfoten in Größe 49. Brian ist 1,95 Meter groß und hat damit immer eine hervorragende Sicht aufs Spiel, was immer gut ist. Schließlich hat man ja keine winzige Maus wie der Zweitligist aus Bochum als Maskottchen.

Bayer hat es also gut getroffen mit dem Löwen, und traditionsgemäß läuft es in der BayArena oft erfolgreich, wenn der Brian brüllt. Gequält wird vermutlich auch nur ein Student in der 2.500 Euro teuren Verkleidung und kein armer Geißbock. Da sind wir alle ziemlich froh.

94. GRUND

Weil altgediente Spieler immer noch gerne für den Verein arbeiten

»Weil ich den Verein liebe«, entfährt es Rüdiger Vollborn nahezu selbstverständlich, als er von mir in einem Gespräch gefragt wird, wieso er schon so lange für Bayer Leverkusen aktiv ist. Fast schon beleidigt, weil die Frage fast schon überflüssig klingt, wenn man den derzeitigen Fanbeauftragten über den Verein sprechen hört. Vollborn ist ein Leverkusener Urgestein, und die Liebe zum Verein steht ihm ins Gesicht geschrieben. Seit 1981, also 32 Jahre, steckt er all seine Energie in die Werkself. Damals begann es in der Jugend der Leverkusener für den Torhüter, dann wechselte er ins Profiteam. 1988 holte er mit Bayer den UEFA-Cup, 1993 den DFB-Pokal. Im Jahr 2000 beendete er seine aktive Karriere mit 401 Bundesligaspielen. Er ist damit Rekordspieler der Leverkusener. Statt sich irgendwo zur Ruhe zu setzen, konnte Vollborn jedoch nicht vom Fußball lassen. Er stieg direkt ins Trainergeschäft ein, und da er Torhüter war und ein alles andere als schlechter Torhüter, gab Vollborn seine Qualitäten an den Nachwuchs bei Bayer weiter.

2012 wechselte er vom Trainermetier in einen völlig anderen Bereich. Als Fanbeauftragter kümmert er sich nun um die Belange der Leverkusener Fans. Doch Vollborn ist nicht der Einzige, der vom Verein nicht loskam. Auch Rudi Völler spielte ja einst für die Werkself. Tante Käthe spielte von 1994 bis 1996 in Leverkusen und absolvierte 62 Bundesligaspiele für die Werkself. Nach diversen Zwischenstationen, auch auf der Trainerbank Leverkusens, agiert er derzeit seit 2005 als Sportdirektor in Leverkusen und ist von dieser Position nicht mehr wegzudenken.

Jürgen Gelsdorf ist ein weiterer ehemaliger Spieler, der noch heute im Verein in verantwortungsreicher Position sitzt. Gelsdorf lernte noch die Zweitliga-Zeiten Leverkusens kennen und spielte von 1976 bis 1986 in Leverkusen. Der Verteidiger saß dann schon zwei Jahre nach seinem Karriereende auf der Trainerbank als Co, von 1989 bis 1991 leitete er die Geschicke der Werkself als Coach und führte den Verein auf den 5. Platz der Bundesliga-Tabelle. Das war damals die beste Platzierung in der Geschichte des Vereins. Über Umwege gelangte Gelsdorf dann wieder zurück an die Dhünn.

2005 übernahm er das Nachwuchsleistungszentrum der Leverkusener, und noch heute ist er für den Nachwuchsbereich hauptverantwortlich. Die Liste der Ehemaligen lässt sich beliebig weiterführen. In der jüngeren Vergangenheit war beispielsweise auch der legendäre Ulf Kirsten als Trainer der zweiten Mannschaft aktiv. UEFA-Cup-Sieger Thomas Hörster coachte eine Zeit lang die Amateure, aber auch die Profis für wenige Spiele – inzwischen ist er im Scouting des Vereins aktiv.

In Leverkusen scheint man gut arbeiten zu können, sonst würde es nicht so viele ehemalige Profis wieder in den Verein führen. So dürfte es kaum verwundern, wenn die heutigen Leistungsträger in zehn oder 15 Jahren wieder im Verein sind und vielleicht ja die Werkself zur ersten deutschen Meisterschaft führen.

95. GRUND

Weil Reiner Calmund für Unterhaltung sorgte, wenn auf dem Platz die Welt unterging

»Zuallererst frittieren wir uns erst mal ein schönes Stück Butter!«[112] So parodierte man einst auf einem lokalen Radiosender Leverkusens Manager Reiner Calmund. Der vollschlanke Rheinländer war immer für einen Spruch gut, der durchaus auch mal dort traf, wo es wehtat. Wenn auf dem Platz mal wieder alles schieflief, wusste zumindest Calmund, wie man entweder vom Team und dessen schlechten Leistungen ablenken konnte oder wie man gerade den Grottenkick auf den Punkt brachte. Der Manager hatte immer einen flotten Spruch auf den Lippen, der für mächtig Unterhaltung sorgte.

»Der Verein bin ich«[113], pflegte Calmund zu sagen, machte aber auch deutlich, dass ihm das Leben an und für sich auch nicht ganz unwichtig ist. »Fußball ist mein Lebensmittelpunkt, aber am Leben hänge ich doch mehr.«[114] Das Leben und das Essen. Auf sein Gewicht angesprochen, war er nie um einen Witz verlegen. »Ich mach jetzt Trennkost. Nicht mehr alles auf einen Teller«[115], so der Versuch, sein Gewicht mit einem Augenzwinkern unter Kontrolle zu behalten. Mit dem Konzern Bayer konnte Calmund immer gut. Jahr für Jahr machte er Millionen locker, um mal wieder einen Brasilianer oder einen anderen Star an die Dhünn zu holen.

Sein Fokus lag immer darauf, den Granden bei Bayer klarzumachen, welche Außenwirkung der Fußball hatte: »Bayer ist Bayer. Was setzt man damit in Verbindung? Milliarden, internationaler Konzern, Pharma, Chemie – alles negativ. Der Fußball sorgt dagegen für eine positive Sympathieklammer über die Gesellschaftsschichten hinweg. Und das funktioniert.«[116]

Natürlich gehörten nicht nur die Millionen dazu, sondern auch ein gewisses Talent, den Verein zu führen und den Spielern Leverkusen zum richtigen Zeitpunkt schmackhaft zu machen: »Nicht die Großen fressen die Kleinen, sondern die Schnellen die Langsamen«[117], pflegte Calmund zu sagen, wenn er bei der Verpflichtung eines Spielers wieder einmal einen Tacken schneller gewesen war als die Konkurrenz.

Die Zitatsammlung kann unendlich weitergeführt werden. Schön war auch immer, wenn Calmund Trost spendete: »Zum Schluss mussten wir Markus Happe einen Kompass geben, damit er den Weg in die Kabine findet.«[118] Happe hatte gegen Gegenspieler Thierry Henry mehr als schlecht ausgesehen, doch der Manager wusste dies richtig einzuordnen. Manchmal lag Calmund auch völlig falsch. »Vor meiner Rente werden wir hier in München irgendwann gewinnen.«[119] Es dauerte tatsächlich bis 2012, ehe die Werkself bei den Bayern siegte.

Dann war Calmund auch der, der alle auf den Boden holen konnte. »Wenn kein Sprit im Tank und die Birne leer ist, läuft nichts«[120], so die realistische Einschätzung nach der ein oder anderen Niederlage. Wenn die Meisterschaft außer Sichtweite war, wusste er auch dies richtig einzuordnen: »Wer jetzt noch von der Meisterschaft spricht, der muss ein Diplom von der Tanzschule für Traumtänzer kriegen.«[121]

Kurz vor seinem Abschied in Leverkusen hatte Calmund einige dramatische Jahre hinter sich gebracht, auf die er gut hätte verzichten können: »2000 Unterhaching, 2001 Daum, 2002 dreimal Zweiter, 2003 Abstiegskampf – da hätte ich auch mal einen schöpferischen Gongschlag vertragen können.«[122] Der drohende Abstieg 2003 raubte Calmund wohl den ein oder anderen Nerv: »Ich kann nicht einfach die Tür zu- und die Lampe ausmachen. Denn das Abstiegsgespenst liegt in meinem Bett.«[123]

Am Ende war dann aber alles gut. »Wir haben den größten Wurst-Käs verhindert.«[124] Calmund meinte damit den Worst-Case. Ein Mann, der immer für einen Spruch gut war und Jahre den Verein geprägt hat. In guten und auch in schlechten Zeiten wusste er die Lage einzuschätzen. Er war bei Bayers Erfolgen dabei, aber auch bei Bayers größten Pleiten. Er gab Leverkusen mit seinen Sprüchen Profil, ein Profil, das der ein oder andere Fan vermissen wird.[125]

96. GRUND

Weil Leverkusens Jugendarbeit ausgezeichnet ist

Wenn man an ausgezeichnete Jugendarbeit denkt, dann geht man von Meisterschaften aus, von Spielern, die es in die Bundesliga schaffen, und von zukünftigen Nationalspielern. Doch ausgezeichnete Jugendarbeit ist mehr, wie das Beispiel Bayer Leverkusen zeigt. Dort werden Talente behutsam herangezogen, ausgebildet und auf die kommenden Aufgaben vorbereitet. Aber nicht nur auf dem Platz.

Dominik Kohrs Tag begann um 8.30 Uhr und endete gegen 19.00 Uhr. Ein langer Tag für den damals 18-Jährigen, der inzwischen im Bundesligakader der Werkself steht. Seine Einsätze auf höchster Ebene sind rar, dennoch schnuppert er die Luft der Bundesliga und kann sich so mit den Besten der Besten messen. Kohr, zweifacher Träger der Fritz-Walter-Medaille für ausgezeichnete Nachwuchsspieler, hat die fußballerische Ausbildung bei Bayer Leverkusen genossen, von der er heute profitiert. Doch zu seinem Alltag gehört nicht nur der Fußball, sondern auch die Ausbildung zum Sport- und Fitnesskaufmann bei Bayer.

Den Leverkusenern ist es wichtig, dass nicht nur fußballerische Werte wie offensives Spiel, taktische Disziplin und Fair Play eine Rolle in der Ausbildung spielen, sondern, dass die jungen Talente auch im Falle des Falles auf festen Füßen stehen – Dass sie das Abitur und ein Studium oder eine Ausbildung machen. Für Kohr bedeutete das lange Tage, aber auch die Gewissheit, es zu etwas zu bringen. So oder so.

Auch Stefan Reinartz ist Kind des Leistungszentrums in Leverkusen. »Das Schöne ist, dass hier nicht nur Wert auf das Fußballerische gelegt wird, sondern dass auch Erziehung wichtig ist«[126], erklärt Reinartz, der sich durch die einzelnen Jugendkader bis in den erweiterten Kreis der Nationalmannschaft gekämpft hat. Reinartz ist das Paradebeispiel für erfolgreiche Arbeit mit dem Nachwuchs, denn natürlich vergisst man auch den sportlichen Erfolg nicht. Und der lässt sich sehen.

Neun Finalteilnahmen um die deutsche Meisterschaft im U19-Bereich in den letzten 20 Jahren stehen zu Buche. Immerhin zweimal schaffte der Nachwuchs das, was den Profis bis heute verwehrt blieb, nämlich den Titel zu holen. 1986 besiegte Bayer die Nürnberger mit 2:0 im Finale. 2007 besiegte die Werkself Bayern München mit 2:1 nach Verlängerung. Hinzu kommen zahlreiche Spieler, die es in den Profibereich geschafft haben und in ihren jeweiligen Nationen in den Auswahlkadern stehen. Leverkusen hat im Nachwuchsbereich ein rundum passendes Konzept.

97. GRUND

Weil auch Frauenfußball seinen Platz in Leverkusen hat

Frauenfußball ist ja immer so eine Sache. »Das ist doch kein Fußball«, »Das ist viel zu langsam« oder »Die können ja nicht mal richtig schießen« sind oft gehörte Ressentiments auf den Zuschauerrängen der Herrenspiele. Wenn diese Menschen dann aber bei einem Spiel des oft titulierten schwachen Geschlechts anwesend sind, fällt die Kinnlade oft Richtung Grasnarbe. Technisch anspruchsvolle Aktionen wechseln sich mit schnellen Passkombinationen ab – garniert wird das Ganze mit schönen und oft zahlreichen Toren.

Die Bedeutung des Frauenfußballs zeigt sich auch in der Jahr für Jahr steigenden Medienpräsenz. In der Saison 2013/2014 wird erstmals jeweils ein Spiel pro Bundesligaspieltag im Free-TV übertragen. Ein echtes Novum. Natürlich besteht ein Unterschied zwischen Herren- und Frauenfußball, aber beide Disziplinen haben ihre Berechtigung. Dies hat auch die Fußball GmbH von Bayer 04 Leverkusen erkannt, die 2008 erstmals Interesse in diese Richtung signalisierte. Das Interesse mündete in der Übernahme des TuS Köln rrh., der in der 2. Bundesliga spielte, aber keine neuen Sponsoren fand. Bayer sprang ein und übernahm die ganze Abteilung, ehe diese auf der Straße gelandet wäre.

So wechselte die gesamte Abteilung geschlossen zu Bayer Leverkusen und startete in der Premierensaison mit einem durchschnittlichen 7. Platz in der 2. Liga. Im Folgejahr stieg die Frauenmannschaft aber in die höchste deutsche Spielklasse auf und hält sich seitdem dort. Leverkusen ist ein fester Bestandteil der Liga geworden und etabliert sich mehr und mehr. Dies manifestiert sich bisher noch nicht in Tabellenplätzen, dafür aber in Nominierungen für die Nationalelf.

So holte Isabelle Linden mit der Frauen-Nationalmannschaft 2013 den Europameistertitel in Schweden. Im Juniorinnenbereich gibt es inzwischen ebenfalls einige junge Talente aus Bayers Schmiede, die die deutsche Auswahl verstärken. Bayers Frauenteam ist auf einem guten Weg und dürfte sich vielleicht in einigen Jahren erstmals im Kampf um die deutsche Meisterschaft befinden. Und auch hier stellt sich die Frage, ob die Frauen den Weg der Herren gehen oder ob man einfach ohne Umschweife den Titel holt, statt Vizekusen zu werden.

98. GRUND

Weil man mit Reiner Calmund einen der gewieftesten Manager der Liga hatte

Reiner Calmund zu fassen ist schwer. Wer es wollte, würde wohl auch scheitern. Nicht nur aufgrund seines Körperumfangs, sondern weil der charmante Rheinländer immer ein Wort schneller ist und nie um einen Satz verlegen. Wer Reiner »Calli« Calmund eine Frage stellt, liegt meistens schon im Rückstand, da der ehemalige Manager und Geschäftsführer von Bayer Leverkusen sich schon vorher einen wahren Katalog an Antworten bereit gelegt hat, und falls ihn doch mal etwas überrascht, dann improvisiert er aus dem Stegreif 23 neue Sätze zusammen.

Reiner Calmund ist wohl der Grund, warum dieses Buch überhaupt existiert. Wer weiß, wo Bayer stünde, wenn nicht »Calli« die Geschicke der Fußballabteilung übernommen hätte? Immer noch 1. Liga? Hätte man den UEFA-Cup gewonnen? Den DFB-Pokal? Vielleicht, vielleicht hätte aber auch bald das Werk das Interesse an der Fußballabteilung verloren und nicht in den Neunzigern so gönnerhaft den ein oder anderen Spieler gesponsert. Calmund wusste zu verkaufen. Weniger Spieler – die natürlich auch –, dafür umso mehr seine Ideen.

Seine Ideen waren von unfassbarer Kreativität. Wer es schafft, am ersten möglichen Tag quasi die gesamte DDR-Nationalmannschaftselite durch einen eingeschleusten Mittelsmann zu verpflichten, dem muss eine unfassbare Genialität und Gerissenheit innewohnen. Er machte Brasilianer in der Bundesliga salonfähig und wusste die nötigen Geldquellen für kostspielige Transfers anzuzapfen. »Calli« prägte von 1976 bis 2004 Bayer Leverkusen. Als Jugendleiter, als Stadionsprecher, als Manager und letztlich als Geschäftsführer.

Er machte sich auch Feinde im Geschäft, nicht jeder Fan war auch Fan von Calmund, aber seine Verdienste sind letztlich unbestritten. Auch die dunklen Wolken, die im Jahr 2004 zu seinem Rücktritt aufzogen, können dem Mythos Calmund nichts anhaben. Calmund trat offiziell aus gesundheitlichen Gründen zurück, doch Bayer Leverkusen behauptete 2006, Calmund wäre entlassen worden aufgrund von Unregelmäßigkeiten auf dem Konto. Angeblich habe er einem Spielervermittler für eine Kaufoption zweier kroatischer Spieler Geld überwiesen, die jedoch nie bei der Werkself unterschrieben. Calmund bestreitet bis heute diese Zahlung.

Die dunklen Wolken dürften sich inzwischen verzogen haben. Wer an »Calli« denkt, denkt an einen Sack voller zweiter Plätze, einen UEFA-Cup und einen DFB-Pokal sowie eine Unzahl von unmöglichen Spielertransfers. Bayer war fast drei Jahrzehnte Reiner Calmund. Es ist unmöglich, diesen Mann nicht als Grund für seine Liebe zu Bayer Leverkusen zu sehen.

99. GRUND

Weil auch Homosexualität ihren Platz in Leverkusen hat

Schwule und Lesben im Fußball sind immer noch ein Thema für sich. Wo man glaubt, dass man doch eigentlich in einer relativ freien und fortschrittlichen Gesellschaft lebt, gewinnt man am Wochenende im Fußballstadion schon mal das Gefühl, sich wieder im Mittelalter zu befinden. Die Ressentiments gegen homosexuelle Menschen sind im Stadion immer noch da. Da fällt schon mal schnell das Wort »Schwuchtel«, wenn ein Spieler abwertend betitelt werden soll, und in der Kurve wird es laut, weil ein Spieler einen »schwulen Pass« gespielt hat.

In vielen Köpfen steckt immer noch das Vorurteil, dass Schwule zu weich für den harten Männersport Fußball sind und auf dem Platz nichts verloren haben. Ein Outing wird es wohl so schnell in der Bundesliga nicht geben, auch wenn der DFB Voraussetzungen für ein Outing zu schaffen versucht, wie zum Beispiel in der 2013 verabschiedeten »Berliner Erklärung«, wo man sich immer noch etwas hölzern für die Rechte von Schwulen und Lesben im Sport einsetzt. Diese sind von solchen Aktionen eher mäßig begeistert, denn allein, dass Sexualität ein Thema ist, sorgt für Verwirrung. Sollte doch jeder daheim machen, wonach ihm ist. Doch nicht nur auf dem Platz haben Schwule nichts verloren, sondern natürlich auch auf den Rängen im Stadion nicht. Seit einigen Jahren bekennen sich aber immer mehr zu ihrer Sexualität und gründen Fanklubs. So auch in Leverkusen.

2008 gründete Jens Langenberg mit einigen Freunden den ersten schwul-lesbischen Fanklub Leverkusens – die »Bayer 04 Junxx«. Dabei geht es den Mitgliedern vor allem darum, den Verein zu unterstützen, aber auch die Kurve für das Thema Sexualität zu sensibilisieren, beim Abbau von Vorurteilen zu helfen und für die Akzeptanz von Homosexuellen im Stadion zu sorgen. »Man muss das Thema kontinuierlich präsent halten, ohne dabei mit dem Holzhammer vorzugehen«, erklärt Langenberg. »Ähnlich wie bei der Aktion gegen Rassismus – die lief über viele Jahre und ging einem schon fast auf die Nerven. Die Zahl derer, die ihrem Nebenmann im Stadion die Meinung sagen, wenn der über die »Schwuchteln da unten« schimpft, muss Stück für Stück steigen«[127], wünscht sich der Vorsitzende der Bayer 04 Junxx.

Immerhin in Leverkusen tut sich was. Nicht nur, dass ein schwul-lesbischer Fanklub immer noch etwas Besonderes ist. Auch der Verein samt Fanprojekt schiebt nach und nach erste Aktionen zum Thema. Ein langer Weg, aber der Anfang ist gemacht.

100. GRUND

Weil Bayer Leverkusen die Brasilianer in die Bundesliga geholt hat

375.000 Deutsche Mark kostete 1987 Milton Queiroz da Paixão, genannt Tita, den Verein Bayer Leverkusen. Damals schon ein Spottpreis für einen Weltklassefußballer, in den heutigen Zeiten von zweistelligen Millionenbeträgen erst recht. So zog Ende der Achtzigerjahre, kurz vor Fall der Mauer und Beendigung des Kalten Kriegs, der Samba in die deutsche Bundesliga ein. Der erste Brasilianer, der in Deutschlands höchster Spielklasse Tore schießen sollte.

Verantwortlich für diesen Transfercoup war Leverkusens Chefscout Norbert Ziegler, der früh das Potenzial des südamerikanischen Markts erkannte. Während in Europa die Scouts sich in den Stadien drängelten, waren in Brasilien gerade mal die Spanier aktiv. So hatte Ziegler Zeit, einen großen Markt zu erkunden, und entdeckte auch den späteren Leverkusener Leistungsträger Tita. Unter der Woche arbeitete er im Büro bei Bayer, Freitagnachmittag packte er den Koffer, düste nach Brasilien und kehrte Montag schon wieder zurück. Dreimal reiste er im Falle von Tita nach Brasilien, um seine Fußballkünste zu bewundern. Immer an seiner Seite der freie Journalist Heinz Prellwitz, der in Brasilien lebte, Ansprechpartner für die Leverkusener war und gleichzeitig als Dolmetscher fungierte. So ist von Ziegler das Zitat überliefert, dass er lange Jahre mehr Zeit mit Prellwitz verbrachte als mit seiner Frau. Der Journalist machte sich in den Neunzigerjahren unersetzlich und öffnete so manch verschlossene Tür für den Bundesliga-Verein und sollte auch sonst eine prägende Rolle in der Brasilien-Connection übernehmen.

Da die ständigen Wochenendreisen für Ziegler keine Lösung waren, baute er den gesamten Scoutingbereich bei Bayer Leverkusen aus. So engagierte er freie Scouts vor Ort, die die lokalen Medien nach interessanten Spielern durchforsteten und dann im

Stadion beobachteten. Ziegler entwickelte eine Punkteskala, nach der die Spieler bewertet wurden, sodass aufgrund dieser Zahlen entschieden wurde, ob man sich weiter um einen Spieler bemühte.

Traf dies zu, folgten Gespräche mit den Kandidaten, dem Umfeld und den Vereinen. Kam es zum Vertragsabschluss, wurde wieder Prellwitz ins Boot geholt, der mit den Brasilianern nach Deutschland flog, sich dort um die Integration kümmerte, den Spielern eine Wohnung organisierte, aber auch das alltägliche Leben mit Einkaufen, Versicherungen und Freizeit organisierte. Sogar im Kreißsaal musste er von Zeit zu Zeit einspringen. Prellwitz wurde zum Familienmitglied. Mit Erfolg.

Denn durch den guten Ruf der Rundumbetreuung in Leverkusen war der Werksklub bald die erste Adresse für Brasilianer in der Bundesliga. Zusammen mit Manager Reiner Calmund lotsten Ziegler und Prellwitz nach und nach Spieler wie Jorginho, Emerson, Paulo Sérgio, Lúcio oder Juan in die Stadt an der Dhünn. Namen, die den Verein prägten und später Erfolge in ganz Europa feierten.

Im Falle von Bayers erstem Brasilianer lohnte sich der Aufwand. Nach einer durchschnittlichen ersten Saison schlug Tita in seiner zweiten Spielzeit voll ein und holte mit Bayer den UEFA-Cup.

101. GRUND

Weil Bayer Leverkusen der einzige Werksverein mit Tradition ist

Das mit der Tradition und den Fußballvereinen ist ja eigentlich grober Unfug. Ist ein Verein mehr wert, wenn er zwölf Jahre in der Bundesliga gespielt hat oder wenn er 85 sind? Und was bedeutet es überhaupt für einen Fußballverein, eine Tradition zu haben? Ist die bloße Anwesenheit in der Liga gleichbedeutend mit Tradition? Oder machen die Fans diesen Mythos aus? Wenn sie Woche für

Woche oder gar Jahr für Jahr zu Auswärtsspielen mitfahren? Oder bestimmte Gesänge anstimmen? Ist es eine Tradition, Jahr für Jahr um den Abstieg zu kämpfen oder die Meisterschaft? Einen Angstgegner zu haben und reihenweise Pleiten gegen diesen einzustecken? Zeichnet sich Tradition durch das Erwirtschaften des Geldes durch Erfolge aus? Eines ist klar, Werksvereine haben nichts mit Tradition zu tun. Da kann Leverkusen noch 30 Jahre in der Bundesliga spielen, sie könnten Meister werden und Champions-League-Sieger. Es könnten 10.000 Fans zu einem Auswärtsspiel fahren und die BayArena könnte Dezibel-Rekorde brechen. Leverkusen ist und bleibt ein Werksklub, und Werksklubs können keine Traditionsvereine sein. Punkt. Die Funktionäre der renommierten Vereine betonen das immer wieder, also muss es stimmen.

Wenn Männer wie Dortmunds Präsident Hans-Joachim Watzke oder Eintracht-Kollege Heribert Bruchhagen über die Retortenvereine klagen, dann fürchten sie um den Untergang des Abendlandes und natürlich den der ganzen Liga. Spielen Werksklubs gar international, dann droht die »Roadshow im Ausland«, so Watzke, denn schließlich fährt ja kein Anhänger mit ins Ausland. Dass aber beispielsweise Leverkusen laut Deutscher Fußball-Liga die fünftgrößte Anziehungskraft aller deutschen Klubs im Ausland hat, wird dann schnell vergessen.

Bruchhagen ging so weit zu behaupten, dass Vereine wie Kaiserslautern oder Köln eine Liga tiefer spielen, weil Leverkusen, Wolfsburg und Hoffenheim große Konzerne im Rücken haben, die sämtliche Tradition in die unteren Klassen befördert. Dass die Kölner aber seit Jahren durch ein zweitklassiges Management bestechen und dadurch vor allem sportlich im Niemandsland verschwanden, dürfte kein Köln-Fan bestreiten.

Die Lauterer haben zwar keinen Konzern im Rücken, existieren aber auch vor allem deshalb, weil sie diverse Nothilfen der Stadt Kaiserslautern und des Landes Rheinland-Pfalz bekamen. Aber diese Argumentationen werden auch in Zukunft nicht zulässig sein –

spätestens im Sommerloch, also der fußballfreien Zeit, wird wieder über Bayer und Co. geschimpft. Als Fan bleibt dann nur zu sagen, dass man Anhänger des Werksklubs mit der größten Tradition ist. Schließlich zählen doch die Jahre der Bundesligazugehörigkeit im Traditionsranking. Oder?

102. GRUND

Weil Leverkusen älter als Leverkusen ist

Man möge sich das mal vorstellen: Borussia Dortmund habe vor der Stadt Dortmund existiert. Oder der FC Bayern München vor der Stadtgründung Münchens oder noch schlimmer der 1. FC Köln wäre vor der Stadt Köln entstanden. Was müsste man sich dann zum Thema Tradition alles anhören. Eigentlich sei man ja für die Entstehung des Ortes verantwortlich. Was aus unserem Verein alles entsteht. Unser Verein bewegt etwas! Aus dem FC wurde Köln. Toll, oder? Zum Glück ist dem aber nicht so.

Ganz anders in Leverkusen. Dort, wo Tradition ein Fremdwort ist, ist der Verein älter als die Stadt. Der TSV Bayer 04 Leverkusen ist genau 26 Jahre älter als die Stadt Leverkusen, die es 1904 noch gar nicht gab. Erst am 1. April 1930 entstand die Stadt mit 42.619 Einwohnern durch die Zusammenlegung der Orte Schlebusch, Steinbüchel, Rheindorf und der Stadt Wiesdorf. Ist nun Leverkusen aus dem Verein entstanden? Haben sich Menschen dort angesiedelt, wo der schönste Fußball der Nation gespielt wird? Man könnte es glauben, aber es war natürlich ein ganz kleines bisschen anders.

Der Vereinsname geht auf den Apotheker und Industriellen Carl Leverkus zurück. Der hatte 1834 zunächst in Wermelskirchen, später 1860 am Kahlberg in Wiesdorf eine Ultramarinfabrik. Diese Fabrik verkauften seine Söhne wiederum 1891 an die »Farbenfabriken vorm. Friedr. Bayer & Co. AG«. Die Puzzleteilchen fügen sich hier zusammen, denn Bayer verlegte die Fabrik an den Rhein, und mehr Arbeiter siedelten sich rund um dieses große Werk an. Bayer war bekannt für seine Fortschrittlichkeit und Technik, doch zunächst war es nicht besonders schön an diesem Fleck. So entstand ein zeitgenössisches Gedicht, das ein wenig begeisterndes Bild von Leverkusen zeichnet. »Kann man einen nicht verknusen, / Schickt man ihn nach Leverkusen. / Dort an diesem End der Welt / Ist man ewig kaltgestellt.«

Bayer sorgte aber bald mit einer ausgezeichneten Infrastruktur, geräumigeren Wohnsiedlungen und eigens für Werksmitarbeiter errichteten Kaufhäusern für bessere Verhältnisse. In dieser Zeit kam es auch zur Gründung des Vereins, der, wie wir nun wissen, auf Carl Leverkus zurückgeht. Letztlich zog das Werk die Menschen nach Leverkusen und nicht der Fußball, aber das ist ja für viele doch irgendwie das Gleiche.

103. GRUND

Weil in Leverkusen Fußballdeutschland vereint wurde

Wenn man so will, dann wurde Fußballdeutschland in Leverkusen vereint. Kaum ein anderer Verein bemühte sich so um Spieler aus der ehemaligen DDR wie der Werksverein aus Leverkusen. Schon vor der Wende 1989 verpflichtete Bayer zwei geflohene Akteure aus dem Osten Deutschlands.

1983 nutzten die beiden BFC-Dynamo-Spieler Dirk Schlegel und Falko Götz eine Europapokalreise nach Jugoslawien, um sich abzusetzen. Unter strenger Beobachtung der Stasi spazieren die Spieler durch die Straßen Belgrads, als Götz und Schlegel einen Plattenladen entdecken, der für einen Fluchtversuch geeignet scheint. Der

Laden hat einen Seitenausgang, der in eine kleine unbeobachtete Straße mündet. Die beiden Spieler tauschen letzte Blicke aus und fliehen schließlich. Nicht mal die Familie wusste von ihrem Vorhaben. »Dynamo war das Kind von [Erich] Mielke. Wenn sich auch nur einer verplappert hätte, wären die Alarmglocken angegangen. Wir hatten Angst«[128], so Schlegel.

Sie nehmen sich ein Taxi, um in die westdeutsche Botschaft zu fahren, und werden dort mit offenen Armen empfangen. Mit dem Auto geht es weiter nach Ljubljana. Im Gepäck gefälschte Papiere und Zugtickets. Die Angst ist groß, als sie im Zug nach München sitzen, doch beide Spieler bleiben unbehelligt und kommen froh in der bayrischen Landeshauptstadt an.

Von München geht es weiter ins Auffanglager in Gießen, wo sie Jörg Berger kontaktieren, der schon 1979 aus der DDR geflüchtet war. Berger stellte den Kontakt zu Leverkusen her. Reiner Calmund fackelte nicht lange und holte beide Spieler persönlich mit dem Auto ab. Doch damit war eine Vertragsunterzeichnung noch lange nicht unter Dach und Fach. Zunächst musste überprüft werden, ob das Bayer-Werk Probleme mit osteuropäischen Partnern durch die Beschäftigung von Götz und Schlegel bekommen könnte. Doch dem war nicht so. Bayer gab grünes Licht.

Während dieser Tage des Wartens appellierte auch die DDR an ihre Spieler, dass sie doch wieder zurückkommen mögen. Beide Spieler blieben, wurden jedoch von der FIFA zunächst für ein Jahr gesperrt. In dieser Zeit lebten beide aus Angst vor einer Entführung durch die Stasi unter falschen Namen in einem Hotel. 1984 war es dann endlich so weit. Schlegel und Götz feierten ihre Debüts in der Bundesliga.

Für Götz lief es hervorragend im Bayer-Team. Er wurde eine feste Größe und gewann 1988 den UEFA-Cup mit der Mannschaft, wechselte danach aber zum Konkurrenten auf die andere Rheinseite – zum 1. FC Köln. Als ob ihn ein Leverkusener Fluch getroffen hätte, holte er dort jedoch nur zwei Vizemeisterschaften und den

2. Platz im DFB-Pokal. Erst in Istanbul klappte es wieder mit den großen Erfolgen.

Dirk Schlegel gelang nie der große Durchbruch. Nach einer Saison in Leverkusen wechselte er zum VfB Stuttgart und dann zu Blau-Weiß 90 Berlin. Trotzdem bereute er nie diesen Schritt, in den Westen geflohen zu sein. »Ich wollte aus meinem Leben etwas Sinnvolles machen, deshalb bin ich weg. Ich bin eben aus der DDR abgehauen und misse diesen Schritt bis heute nicht«, erklärt Schlegel heute und ergänzt: »Mir geht es gut!«[129].

Was mit Schlegel und Götz schon Mitte der Achtziger begann, führten die Bayer-Verantwortlichen nach der Wende konsequent fort. Nahezu jeder Verein leckte sich die Finger nach Ost-Stars wie Andreas Thom, Matthias Sammer und Ulf Kirsten, nachdem 1989 die Mauer gefallen war, doch Bayer bekam den Zuschlag. Nicht ganz ohne Glück und das geschickte Händchen von Reiner Calmund.

Bereits beim letzten WM-Qualifikationsspiel der DDR in Wien am 15. November 1989 nahm Calmund Kontakt zu den Spielern auf. Der Manager hatte den Kollegen Wolfgang Karnath in den Innenraum des Stadions eingeschleust, und während alle anderen Beobachter auf der Tribüne warteten, konnte Karnath bereits auf der Reservebank mit Thom und Kirsten in Kontakt kommen. Mit Erfolg, denn als erster DDR-Spieler überhaupt wechselte Thom ganz offiziell im Januar 1990 nach Leverkusen. Ulf Kirsten folgte wenige Monate später. Nur Matthias Sammer kam nicht.

Bundeskanzler Helmut Kohl hatte sein Veto bei der Bayer-Konzernzentrale eingelegt. Man könne doch nicht die ganze DDR leer kaufen. Nirgends sonst in der Liga wurden Spieler aus der DDR besser integriert als in Leverkusen. Die Top-Spieler der DDR, Andreas Thom und Ulf Kirsten, wurden in Leverkusen zu Stars der Bundesliga.

KAPITEL 10

DER AUTOR UND SEIN VEREIN

EINE NICHT IMMER REIBUNGSFREIE BEZIEHUNG: PERSÖNLICHES

104. GRUND

Weil Leverkusen den einzigen Fan aus Mitleid hat

Ich werde oft gefragt, warum ich denn gerade Fan von Bayer Leverkusen geworden bin. In der Regel antworte ich in bester Nick-Hornby-Manier, dass einen der Verein auswählt und man sich nicht aussuchen kann, von welchem Klub man Anhänger wird. Die meisten Fragenden geben sich mit dieser Erklärung zufrieden, doch wer genauer nachfragt, bekommt die Geschichte von dem Fan aus Mitleid erzählt.

Natürlich hat mich der Verein als Fan ausgewählt, aber was waren die Gründe dafür? Es war irgendwann zu Grundschulzeiten, als das Interesse unter den Jungs der Klasse für Fußball geweckt wurde. Samstagabend guckte man die *Sportschau* und unter der Woche gabs auch schon mal Fußball im öffentlich-rechtlichen Programm. Privatfernsehen hatten die meisten noch nicht, und es war auch noch nicht die Zeit, wo man jeden Tag irgendein Spiel sehen konnte, also war es letztlich auch egal, ob Privatfernsehen oder ARD und ZDF. Jeder Junge entwickelte nach und nach aufgrund irgendwelcher mir bis heute unbekannter Kriterien ein Faible für einen Verein. Es musste schon ein Erstligaverein sein. Der Heimatklub spielte gerade mal Oberliga, was aber damals immerhin die dritthöchste Spielklasse war. Dennoch musste ein Lieblingsverein her, den man auch in der *Sportschau* sehen kann.

Eines Abends, meine Familie hatte gerade das Abendessen beendet und räumte den Tisch ab, schnappte ich mir nach der *Tagesschau* die Fernbedienung und schaltete ins Zweite Deutsche Fernsehen, wo Fußball lief. Ein Verein – nein, nicht ein Verein, sondern Leverkusen – spielte im UEFA-Cup gegen Dukla Prag. Ich wusste weder, was der UEFA-Cup ist, noch wie die Modalitäten dieses Wettbewerbs aussahen, aber ich blieb vorm Fernseher hängen. Der Kommentator versprühte eine Art Dramatik, obwohl es 1:1 stand, was mir nicht begreiflich war. Was war so dramatisch an einem Unentschieden? Mein Vater, der gerade ins Wohnzimmer kam, klärte mich auf. Es wäre das Rückspiel, Auswärtstore zählen doppelt und Leverkusen sei kurz vorm Ausscheiden.

Nach seiner Erklärung hatte ich wenig verstanden, aber das Spiel war inzwischen vorbei und Leverkusen ausgeschieden. Das war mir unbegreiflich. Unentschieden gespielt und doch raus aus dem Wettbewerb? Auch das Hinspiel hatte mit einem Remis geendet, so viel hatte ich verstanden. Umso ärgerlicher war das Ganze. Über diesen Ärger entstand so etwas wie Mitleid mit den Spielern da unten auf dem Feld. Ich nahm mir vor, beim nächsten Studium des Fußballfachmagazins *kicker* mal genauer zu schauen, wer da so spielt und wie die so spielen. Weil es ja auch das Internet noch nicht gab. Und der Fernseher hatte auch keinen Videotext.

Es waren andere Zeiten. Zeiten, in denen ich aus Mitleid Fan von Leverkusen wurde. Weil sie ohne zu verlieren aus einem Wettbewerb ausschieden. Wenn ich heute noch mal wählen dürfte, würde ich vermutlich Erfolgsfan sein. Nach all den Vizemeisterschaften und verpassten Titeln und Erfolgen. Man will ja auch mal jubeln und nicht immer Schmerzen erfahren. Irgendwann bekommt man dann auch Mitleid mit sich selbst, aber dann rufe ich mir immer wieder ins Gedächtnis, dass es die Niederlagen sind, nicht die Erfolge, die man annehmen können muss. Das ist nicht leicht, aber es ist eine besondere Qualität, die ein Fan aus Mitleid eben hat. Und welcher Verein hat schon solche Fans?

105. GRUND

Weil man nicht 1.-FC-Köln-Fan sein will ... eigentlich

Leverkusen und Köln – das geht nicht. Vor allem im Fußball nicht. Eigentlich. Denn tief in uns drin steckt halt doch nur ein Mensch, und vielleicht hat man ja doch ab und an als Bayer-Fan etwas Mitgefühl für den 1. FC Köln übrig. Irgendwann mal. 1989 zum Beispiel. Damals war der FC noch eine große Nummer. Das ist ja heute nicht mehr vorstellbar. Das war so Ende der Achtzigerjahre, da fing ich gerade an, mich für Fußball zu interessieren. Ich war schon Bayer-Fan, aber na ja, die Prägung war noch nicht so vollkommen und man schaute schon mal über den Tellerrand. Eins war zumind klar: Die Bayern sind böse.

Wie gesagt, damals war der FC noch was – da sind die regelmäßig vor der Werkself gelandet. Das kann sich ja heute niemand mehr vorstellen. Und das Lustige ist, Christoph Daum war damals schon mal Trainer bei denen. Wobei das doch nicht geht. Dass man erst Kölner ist und dann Leverkusener. Die Gegenbeispiele zählen nicht.

In der Saison 1988/1989 waren die Kölner also richtig gut. Bodo Illgner, Pierre Littbarski, Jürgen Kohler, Morten Olsen, Thomas »Icke« Häßler und Thomas Allofs spielten um die Meisterschaft. Es war der 25. Mai 1989, an den ich mich besonders erinnere, und es wird der einzige Tag bleiben, an dem mir die Kölner tatsächlich ein bisschen leidtaten. Es war ein Donnerstag, ich war auf Klassenfahrt, und alle Jungs saßen abends gebannt vor dem Radio und warteten darauf, dass die Meisterschaft entschieden würde, oder auch nicht. Der 1. FC Köln spielte an diesem Tag als Zweiter der Tabelle gegen den Ersten. Gegen die Bayern. Tage zuvor hatte Daum die Stimmung mit markigen Sprüchen angeheizt und der 31. Spieltag hätte die Wende im Meisterschaftsrennen bringen können. Hat aber leider nicht geklappt. Roland Wohlfahrt brachte die Bayern in der 25. Minute in Führung, Thomas Allofs glich acht Minuten später aus, danach passierte lange Zeit nichts. Dann aber doch. Zack, bums, aus. Wohlfahrt legte kurz vor Schluss den Kölnern zwei Eier ins Netz, und die Sache war gelaufen.

Daum war der Gelackmeierte. Seine Sprüche waren nur hohle Phrasen gewesen. Am Ende wurde der FC Vizemeister, die Saison danach auch noch mal, dann ging es immer weiter bergab. Daum verließ den FC, beziehungsweise musste gehen. Schon damals vermutete der Vorstand Kokainmissbrauch, was sich Jahre später bestätigte. Als Bayer-Fan hätte man da schon misstrauisch werden können. Daum als doppelter Vize. Das gab es doch irgendwann noch mal. Ach ja. In Leverkusen. Und dann versiegt auch schnell das Mitleid mit den Kölnern. Und die fußballerische Prägungszeit ist eh vorbei.

106. GRUND

Weil Bayer Leverkusen cool ist

Es ist Sommer. Langsam steigen die Temperaturen wieder über die 30-Grad-Marke. Der Asphalt wirft Blasen, und der Wunsch nach gekühlten Getränken und dem Wassereis vom Kiosk nebenan wird immer größer. Die Stadt wirkt wie gelähmt. Alles läuft langsamer und gemächlicher. Die Menschen sind weniger mit ihrem alltäglichen Stress beschäftigt und lassen schon mal fünfe gerade sein. Lediglich den Kindern scheint die Sonne nichts auszumachen. Eher aktiviert es sie noch, als hätten sie kleine Sonnenkollektoren eingebaut, aus denen sie jetzt ihre Energie ziehen.

Mit den Ferien vor der Tür und der Sonne im Herzen kann man auch schon mal in der prallen Mittagssonne mit dem Skateboard durch die Gegend fahren oder noch besser: Wasserbomben und Wasserpistolen ausprobieren. Das Herz des Fußballfans erfreut dies, denn tief in ihm drin ist auch er Kind geblieben. Es erinnert ihn an seine Zeit auf dem roten Ascheplatz. Wenn es so warm war, dass die Asche vom Wind durch die Luft wirbelte und man einen trockenen Mund beim Einatmen bekam. Schweiß konnte sich nicht auf der Haut bilden, lediglich ein dünne rote Ascheschicht. Nur die Sommerpause der Bundesliga macht ihm zu schaffen.

Das Fußballmethadon bestehend aus Junioren-Europameisterschaften und unwichtigen FIFA-Wettbewerben hilft nicht über die Sucht nach gutem alten Bundesliga-Fußball hinweg. Der Fußballfan bin ich, und nass geschwitzt mache ich abends auf den Weg nach Hause. Acht Stunden saß ich im Büro, vom Sommer habe ich nichts gesehen, die Kollegen nerven, die Arbeit auf dem Schreibtisch wird nicht weniger und was gibt es da Schöneres, als am Abend das Auto vor den eigenen vier Wänden zu parken? Schon im Augenwinkel entdecke ich einen Ball, der hinter der Garage entlangfliegt. Es ist zwar keine Bundesliga, aber immerhin es ist ein Ball.

Das Kind im Manne, also in mir, macht einen kleinen Freudensprung, und statt in die Wohnung, entschließe ich mich, auf den Bolzplatz zu gehen und den Nachbarskindern beim Kicken zuzuschauen. Vorerst. Denn die freuen sich über Verstärkung, die größer als 1,40 Meter ist, und laden mich direkt ein. Neue Mannschaften werden gewählt. Ich muss mit dem Kleinsten, der eigentlich nur dabei ist, weil der große Bruder auf ihn aufpassen soll, spielen. Er bekommt keine drei Sätze gerade raus und weiß eigentlich nicht, wie das Spiel funktioniert, aber egal. Uns gegenüber stehen vier Jungs, die gerade in die Grundschule gehen und sogar Fußballschuhe anhaben. Ich muss mich also in Acht nehmen.

Doch bevor es losgeht, geht es darum, welches Bundesligateam man denn verkörpert. »Ey, wir sind Dortmund«, platzt es aus dem einen raus, was gleich zu wütenden Protesten der anderen führt. »Dortmund – spinnst du? Wir sind Schalke! Die sind viel besser und der Julian Draxler spielt da«, entgegnet sein Mitspieler. Es geht noch einige Zeit so weiter, bis man sich tatsächlich auf Bayern München geeinigt hat. »Und ihr?« kommt die unvermeidliche Frage. »Leverkusen« – meine knappe Antwort. »Cool«, die ebenso kurze Reaktion des gegnerischen Kapitäns. Ich grinse still in mich hinein und freue mich. In welcher Kneipe kann man schon einfach sagen, dass man für Leverkusen ist, ohne ellenlange Diskussionen auszulösen? Bei den Jungs auf dem Bolzplatz ist Bayer cool.

107. GRUND

Weil Leverkusen den Charakter formt

Wenn man mit einem Leverkusen-Fan verheiratet oder auch nur befreundet ist, kann man von den charakterprägenden Eigenschaften des Vereins in so mancher Lebenslage profitieren. Der Leverkusen-Fan ist bescheiden, denn er hat gelernt, sich auch über kleine Erfolge zu freuen. So hat er auch in Beziehungen stets ein Auge für die kleinen Gesten, ist aufmerksam und wenig anspruchsvoll.

Auch hat er gelernt, mit Enttäuschungen umzugehen, was zwei weitere durchaus nützliche Züge an ihm hervorbringt. Zum einen ist der Leverkusen-Fan nicht hochmütig oder überheblich, er weiß, dass es mehr als nur den Sieg gibt, und er ist zudem nicht tagelang frustriert und missmutig, nein, er weiß, auf Regen kann Regen folgen, aber auch immer wieder Sonnenschein.

Überhaupt hat er ein sonniges Gemüt, stets vom Hoffen bestimmt und so oft zu Recht. All das trägt zu seiner positiven Grundhaltung bei. Denn morgen, ja wirklich schon morgen könnten sich seine kühnsten Träume erfüllen. Ja, Träume, von diesen hat der Leverkusen-Fan eine Menge. Besinnlich schwelgend geht er ihnen nach und malt sich Sternstunden des Fußballs vorm inneren Auge aus. Und wer würde in unserer rationalen Welt nicht gerne jemand zur Seite haben, der noch träumen kann?

Ist das eiserne Fantum vielleicht auch heute noch in erster Linie eine Männerdomäne, so entspricht der Leverkusen-Fan dennoch nicht dem alten keulenschwingenden Rübezahl-Modell des Mannes. Er ist vielmehr weltmännisch, kultiviert und modern. So überrascht auch der männliche Leverkusen-Fan seine Frau gerne mit einer lukullischen Köstlichkeit aus dem Kochbuch des Kießlings und reicht ihr fürsorglich beim nächsten Migräneschub eine Kopfschmerztablette aus dem Hause Bayer. Auch für fußballerisches Nicht-Interesse hat der Leverkusen-Fan Verständnis beziehungsweise weiß er es zu tolerieren, denn selbst Fußballfans im Allgemeinen hinterfragen ständig das Leverkusen-Fantum im Besonderen. So hat der Bayer-Anhänger gelernt, mit Ungläubigen umzugehen, sie zu akzeptieren und mit einem stillen, wissenden Lächeln den Fanschal enger um den Hals zu winden.

An dieser Stelle soll nicht vergessen werden, dass gerade die Farbe Rot, die sich schnell zur Lieblingsfarbe des Vereinsverehrers mausern kann, durchaus praktische Eigenschaften hat. So ist der Partner im roten Pullover, auch in der vollen Fußgängerzone, noch gut zu orten und kann bei einem schlimmen Fall von Farbenblindheit lediglich mit einem Bremen-Fan oder einem Gestrüpp verwechselt werden. Oft, sehr oft ist der Leverkusen-Anhänger unter der Saison in guter Verfassung: Er jubelt, freut sich, macht kleine und große Geschenke, gibt sich gönnerhaft und lehnt sich glücklich seufzend im Sofa zurück.

Doch es kommt auch immer die Zeit, da der Leverkusen-Fan des Trostes bedarf, da er empfindlich, reizbar und traumatisiert in die Ecke starrt. Dies ist der Augenblick, wo unsere Zeit gekommen ist. Nun sind wir als Stütze des Fans und somit auch als Stütze des Vereins gefragt. Und so hat es der Leverkusen-Fan letztlich doch geschafft, uns für seine Sache, seine zweite große Liebe, zu gewinnen. Aber mit dieser Ménage-à-trois lässt sich leben!

108. GRUND

Weil Leverkusen bei meinem ersten Besuch der BayArena Herbstmeister wurde

Von einem echten Fan erwartet man eigentlich, dass er mindestens 17-mal zu den Heimspielen seines Lieblingsvereins fährt, zwölf verschiedene Fanschals im Schrank hängen hat, daneben das aktuellste Trikot seines Lieblingsspielers und jedes Lied, das im Stadion geschmettert wird, selbst nachts, wenn man ihn spontan weckt, auswendig hüpfend zelebrieren und singen kann. Zwar bezeichne ich mich nun schon seit 27 Jahren als Fan von Bayer Leverkusen, dennoch gehöre ich wohl nicht zu den Vorzeigeanhängern. Was ein richtiger Fan ist, der erlebt die Spiele seines Vereins halt im Stadion.

Da ich als kleiner Bub nun aufgrund der räumlichen Entfernung nicht die Möglichkeit dazu hatte und meine Familie die Wochenenden lieber mit Radtouren im Münsterland verbrachte, keine Leverkusen-Fans in meinem sozialen Umfeld lebten, gewöhnte ich mich irgendwann an den Zustand, dass ich den Bayer oder den SVB, wie man im Fansprech sagt, im Fernsehen anschaute. Fußball im Stadion gabs dann halt beim Heimatverein, den Preußen aus Münster, an der Hammer Straße. Die spielten immerhin mal zweite Bundesliga und schlugen Schalke 04, was ja auch nicht jeder schafft. Das reichte mir als Stadionerlebnis, und über die Jahre gewöhnte ich mich an das Dasein als Fernsehfan.

Irgendwann, durch die Zeiten des Internets begünstigt, lernte ich dann nach und nach auch andere der seltenen Gattung Leverkusen-Fan kennen, die in der Regel sehr erstaunt waren, wenn ich ihnen berichtete, dass ich noch nie im Stadion war. Weder im Ulrich-Haberland-Stadion, in der alten BayArena, noch in der neuen BayArena. Auch Anhänger anderer Vereine lächelten still in sich hinein, als sie meine Geschichte hörten. Hinter vorgehaltener Hand tuschelten aber letztlich alle: »Das ist doch kein Fußballfan.« »Doch – bin ich!«, schreie ich ihnen entschlossen entgegen. Um den Makel zu tilgen, machte ich mich dann aber doch eines Tages auf, um die Heimstätte der Werkself zu besuchen: die BayArena. Ich hatte die Karte sogar von einem Bekannten geschenkt bekommen, damit ich endlich mal richtigen Fußball mit Bier und Stadionwurst erlebe, und so sollte das »kleine Derby« gegen Borussia Mönchengladbach am 19. Dezember 2009 tatsächlich das erste Livespiel der Leverkusener für mich werden. Live im Sinne von »vor Ort«.

Noch heute beglückwünsche ich mich zu der Entscheidung, denn Bayer hatte ein wunderbares Begrüßungsgeschenk für mich vorbereitet. Erstens ein wunderbares Spiel, zweitens einen Sieg, drittens gegen einen bitteren Rivalen, und viertens? Ja, viertens war das Schönste an diesem Tag: die Herbstmeisterschaft. Vergessen waren die −10° Celsius im Stadion, die bitteren Abwehrschnitzer. Im Vordergrund stand eine famose Leistung der Leverkusener gegen Gladbach. Ein 3:2 gekrönt mit der Herbstmeisterschaft am 17. Spieltag. Dass es am Ende wieder nichts werden würde mit der Schale, war mir schon klar. Aber egal. Ich war dabei gewesen. Vor Ort. Im Stadion.

Im Laufe der letzten Jahre entwickelte sich aus meiner absoluten Stadionabstinenz immerhin eine kleine Freundschaft. Zwei bis dreimal besuche ich wie einen guten Freund die BayArena, schaue mir oft einen Erfolg an und freue mich über die Werkself. Dann fahre ich wieder nach Hause. Die nächsten Spiele schaue ich mir am Fernseher an, wenn es geht, und auch das ist wunderbar. So oder so schlägt das Herz nun mal für diesen Verein, und was andere Fans sagen, muss einen ja nicht interessieren.

109. GRUND

Weil Idole von früher immer noch im Verein arbeiten

Wenn man sich denn eines Tages für einen Lieblings-Verein entschieden hat, beziehungsweise. der Verein sich für einen selbst entschieden hat (in guter alter Nick-Hornby-Manier), dann kommt auch irgendwann der Tag, an dem man sich für einen Lieblingsspieler entscheidet. Anders als beim Verein tut man dies wohl wesentlich bewusster. Für den Lieblingsspieler kommen zunächst einmal die Lautsprecher einer Mannschaft infrage, weil die ja traditionell im Blickpunkt des allgemeinen Medieninteresses stehen.

Dann gibt es noch den Torjäger als Kandidaten. Jemand, der viele Tore schießt, zieht natürlich automatisch viele Bewunderer an, und als kleiner Dotz möchte man ja auch dem Star nacheifern. Leistungen sind subjektiv, wie wir Bundesligaspieltag für -spieltag in der Zeitungen dieser Welt nachlesen können, doch Tore sind zähl- und messbar. Also, warum nicht den Torjäger des Vereins verehren? Ein weiterer möglicher Kandidat ist der Mittelfeld-Schönspieler. Der, der die Tore vorbereitet. Der, der Bälle aus dem Fußgelenk zaubert. Der, der auch mal ein Tor schießt, aber nicht dreckig abstaubend, sondern wunderbar in den Winkel. Auch mit diesem Spieler mag man sich in der Regel gerne identifizieren. Ein Schöngeist im Mittelfeld ist immer für eine spielentscheidende Szene gut, und seien wir ehrlich – ohne ihn wäre der Stürmer nichts.

Dann wird es schon schwieriger mit den Identifikationspersonen in der Mannschaft. Es gäbe noch den Kämpfer. Der Kämpfer grätscht, beißt und kratzt Bälle von der Linie. Oder den Kapitän. Immer ein Vorbild. Er lenkt die Mannschaft als verlängerter Arm des Trainers. Traditionell sind Lieblingsspieler aus den hinteren Teilen der Mannschaft eher unüblich. Welcher junge Mann im Alter von sieben Jahren (ein ganz übliches Alter, um Fan eines Vereins zu werden) findet schon den Außenverteidiger interessant oder den defensiven Mittelfeldspieler? Eher wenige.

Bei mir war es der letzte Mann überhaupt. Der Torwart. Ich wuchs in einer Zeit auf, wo die Leverkusener eher noch graue Maus waren. Feuerwerke wurde eher woanders gezündet. Zwar gab es schon Stars auf dem Platz wie Tita, Bum-kun Cha oder Falko Götz, dennoch war mein erster Held der Torwart. Rüdiger Vollborn. In Leverkusen zunächst eher ungeliebt, doch 1988 zum Helden geworden, als er mitverantwortlich für den Sieg im UEFA-Cup war. Der Mann, der mit rudernden Armen die Elfmeterschützen so ablenkte, dass sie das Verwandeln des ebensolchen vergaßen. Vollborn wirkte immer ein wenig spleenig und eigen, doch eroberte er in der UEFA-Cup-Saison 1988 mein Herz.

Später kamen Kirsten und Co., aber der Torhüter hatte es mir angetan. In einer Zeit, in der man eher wenig von Spielern aus Leverkusen mitbekam und nur die Leistungen für sich sprachen. In einer Zeit, wo man nicht erfuhr, ob der Lieblingsspieler im Sommer gerne Urlaub auf der Jacht macht oder gerade im Freizeitpark Achterbahn fährt, weil es damals noch die große allmächtige Medienpräsenz gab und die Spieler sich noch nicht selbst bei Facebook verkauften. Vollborn fand einfach so den Weg zu meinem Herzen, und umso mehr freut es mich, dass er immer noch Teil des Vereins ist. Angesprochen auf den Grund dafür, dass er nun schon seit 32 Jahren Mitglied des Vereins ist, antwortet er nur lapidar: »Weil ich ihn liebe«. So wie die Fans halt auch.

110. GRUND

Weil Bayern München weiterhin keine Alternative ist

Der FC Bayern München. Der Triple-Sieger. Das Aushängeschild des deutschen Fußballs. Millionenschwer und erfolgreich. Geprägt von polarisierenden Persönlichkeiten wie Uli Hoeneß oder Matthias Sammer. Für dessen Festgeldkonto nicht einmal Dagobert Ducks Geldspeicher reichen würde. Der Rekordmeister, der es geschafft hat, den legendären Pep Guardiola, den heiligen und weltbesten Trainer, nach München zu locken. Der nun eine Art Weltauswahl mit Thiago, Schweinsteiger, Robben, Ribéry und Lahm coachen darf. Kann man so einen Verein gut finden? Kann man diesen Verein sympathisch finden? Kann dieser Verein den eigenen Lieblingsverein ersetzen, wenn es mal ganz schlimm kommt?

Der Durchschnittsfußballfan hat seinen Lieblingsverein gewählt – oder frei nach Nick Hornby: der Lieblingsverein hat ihn gewählt –, als ob man eine Wahl hätte, wenn es um den Fußball geht. Wie viele Fans hätten sich eine solche Wahl gewünscht, um so tausendfaches Leid zu verhindern. Der Leverkusen-Fan weiß, wovon er spricht. Doch es ist, wie es ist. Der Verein kommt zum Fan. Darüber hinaus kann der Fan Sympathien für einen zweiten Verein entwickeln. Dies darf natürlich nicht der Erzfeind des Lieblingsklubs sein, aber nach Kriterien wie zum Beispiel der Schönheit des Spiels, was für interessante Akteure dort zaubern und vielleicht dem Underdogfaktor, entwickelt man Sympathien für den einen oder anderen Klub.

So konnten sich jahrelang Fans der Bundesliga mit Bayer Leverkusen anfreunden. Die Werkself spielte schönen offensiven Fußball, es gab exzentrische Persönlichkeiten und tolle Spieler – und zu guter Letzt bot Bayer vor allem zur Jahrtausendwende den scheinbar übermächtigen Bayern aus München die Stirn.

Wo wir auch schon beim Problem des FC Bayern München wären. Natürlich haben auch die Bayern Zeiten gehabt, die von ansehnlichem Fußball geprägt waren. Natürlich gab es unvergessliche Spieler bei den Bayern. Aber die Bayern werden immer die Bayern sein. Das gelebte »mia san mia«, unantastbar und oft unnahbar. Wann waren die Bayern schon mal Underdog? Selbst nach einer verlorenen Meisterschaft wird in München eher gegrantelt, als dass man emotional beim Rekordmeister würde. Wir sind halt wir. Kaufen wir uns eine neue Mannschaft und holen den besten Trainer der Welt. Der Erfolg kommt dann schon. Man hat nie das Gefühl, dass die Bayern gegen Widerstände kämpfen müssen.

Sie sind kein SC Freiburg, dessen Mannschaft nach jeder Saison leer gekauft wird und der es trotz kleinen Etats schafft, die Liga mit erfrischendem Fußball zu halten. Sie sind keine Augsburger, die in der letzten Saison schon so gut wie abgestiegen waren und bis zum letzten Spieltag kämpften, um das Unmögliche doch noch wahr zu machen, und sie sind auch keine Dortmunder, die gegen die schier unglaubliche Dominanz der Bayern einen Kontrapunkt mit zwei gewonnenen Meisterschaften setzten – was sie allerdings inzwischen auch nicht mehr zum sympathischsten Verein der Liga macht.

Man kann nur den Hut vor den Bayern ziehen. Sie stehen berechtigterweise dort, wo sie jetzt stehen. An der Spitze des Weltfußballs. Sie waren immer eine Konstante in der Bundesliga. Sie haben klug gewirtschaftet und vieles richtig gemacht. Das Interesse an der Liga – auch im Ausland – ist groß wie nie zuvor. Wäre früher nie ein Italiener oder ein Spanier auf die Idee gekommen, sich im kalten Deutschland anstellen zu lassen, so muss man dem FC Bayern danken, dass dank seiner Strahlkraft die Liga an Wert gewinnt und auch die großen Stars anlockt. Davon profitieren die anderen Vereine, davon profitiert die Liga. Auch Leverkusen. Das muss man anerkennen.

Aber eine Alternative zum eigenen Lieblingsverein – den Leverkusenern –, das wird nie passieren. Ich mag Vereine, bei denen keine Meisterschaft nicht gleich ein Misserfolg ist und bei denen zwischen himmelhochjauchzend und zu Tode betrübt alles dabei ist. Ich mag Vereine, die voller Überraschungen stecken und die die ganze Bandbreite der Emotionen ansprechen. Wie bei Leverkusen. Mein Gefühl sagt mir, dass das bei den Bayern nicht möglich ist.

111. GRUND

Weil 111 Gründe nie reichen

111 Gründe sind natürlich nur ein schwacher Versuch, sich dem Phänomen Fans und Bayer Leverkusen zu nähern. Diese 111 Gründe sind Gründe, die für mich persönlich Bayer Leverkusen zu dem Verein machen, der er für mich ist – ein liebenswerter Verein mit kleinen Geschichten, Anekdoten, Rekorden, tollen Spielen, verpassten Meisterschaften, Torschützenkönigen, den Vorurteilen und der Geschichte. Mein Lieblingsverein halt. Der Verein, mit dem ich leide, mit dem ich mich freue, für den ich einstehe und der mir einfach in all den Jahren ans Herz gewachsen ist.

Für jeden Leser, für jeden Verein ist Bayer Leverkusen etwas anderes. Alleine die Einführung ins Fantum erzeugt schon andere Gründe, warum Bayer Leverkusen so liebenswert ist. Der eine hat vielleicht eine Butterbrotdose mit Leverkusen-Wappen geschenkt bekommen, dem anderen ist vielleicht mal auf der Straße von einem Menschen im Leverkusen-Trikot geholfen worden, und wiederum eine andere Person, ein anderer Fan ist Bayer-Fan, weil er Bum-kun Cha so toll fand. Die Gründe sind vielfältig und nicht für jeden gleich.

Jeder Fan zelebriert seine Liebe auf unterschiedliche Art und Weise, und auch daraus entstehen unterschiedliche Gründe. Ich werde oft belächelt für meine relativ passive Verehrung des Vereins, weil ich nicht so oft ins Stadion gehe und weil ich zufrieden bin, samstags auf dem Sofa zu sitzen und mir das Spiel der Werkself anzuschauen. Andere definieren sich mehr über die Stadionbesuche, und natürlich erlebt man dort andere Dinge als vorm Fernseher. Eine Auswärtsfahrt kann ein Grund sein, Bayer Leverkusen zu lieben. Etwas, was ich und auch vielleicht andere Fans nie gemacht haben. Ich habe nie ein Zugabteil besetzt und dort laut singend die Werkself gefeiert.

Das schweißt zusammen mit anderen Fans und natürlich mit dem Verein. Deshalb sind diese angeführten 111 Gründe nur ein nur ein kleiner Versuch Versuch, die Liebe zu Bayer Leverkusen in Worte zu fassen. Jeder Leser wird mindestens 15 andere Gründe hinzufügen können, die ich mir in dieser Form nicht hätte vorstellen können. Vielleicht hat jemand die Liebe seines Lebens im Stadion kennengelernt? Oder jemand anders mit Bernd Schneider auf der Schulbank gesessen?

Die Gründe sind mannigfaltig, und das macht das Leben und das Fantum so schön. Jeder hat eine Geschichte zu erzählen, jeder hat seine Gründe, und ich würde mir wünschen, noch viel mehr von den anderen 1.000 guten Gründen dort draußen zu erfahren. 111 Gründe sind einfach zu wenig.

Anmerkungen

Alle nicht gekennzeichneten Zitate stammen aus persönlichen Gesprächen mit den jeweiligen Personen.

1. www.ksta.de/fussball/interview-mit-bernd-schneider-silberne-schuhe—das-passt-besser-,15189340,12710556.html
2. Feuerherdt, Alex (2011): *Bayer 04 Leverkusen. Die Fußballchronik*, Verlag Die Werkstatt, S. 126
3. Ebd., S. 109
4. www.11freunde.de/interview/brasiliens-weltmeister-jorginho-im-interview
5. www.jesus.ch/themen/leben/sport/192678-der_glaube_fliesst_in_meine_arbeit.html
6. www.11freunde.de/artikel/mordkommando-bum-kun-cha-als-juergen-gelsdorf-morddrohungen-erhielt
7. www.noz.de/artikel/61456279/das-bein-ist-ab-das-bein-ist-ab--als-brutale-fouls-noch-zur-bundesliga-gehoerten
8. www.11freunde.de/artikel/mordkommando-bum-kun-cha-als-juergen-gelsdorf-morddrohungen-erhielt
9. Ebd.
10. www.spox.com/de/sport/fussball/bundesliga/1204/News/michael-ballack-zwei-jahre-bei-bayer-leverkusen-waren-sportlich-zum-vergessen-philipp-lahm.html
11. www.11freunde.de/interview/ein-letzter-anruf-bei-marek-lesniak
12. www.11freunde.de/interview/marek-lesniak-ueber-bayer-bayern-und-seine-tore?page=1
13. www.facebook.com/photo.php?fbid=626816350676554&set=a.50436 4052921785.119303.504354712922719&type=1
14. www.bernd-schneider.info/mein-kommentar.html
15. Ebd.
16. www.bernd-schneider.info/meine-teams.html
17. www.facebook.com/pages/Grasshoppers-Jena-06/181708781863173
18. www.bernd-schneider.info/mein-kommentar.html
19. www.bundesliga.de/de/historie/spiel/meldung.php?f=0000208927.php
20. netzwerk.bayer04.de / Portal / kostenlose Anmeldung / keine erkennbare URL/ zu finden unter »Rüdiger Vollborns Zeitreise«
21. Ebd.
22. Ebd.
23. Ebd.
24. Ebd.
25. Ebd.
26. Ebd.
27. www.youtube.com/watch?v=32fhJUhC4Tw
28. www.11freunde.de/artikel/10-dinge-ueber-das-rheinderby-koeln-gegen-leverkusen
29. www.bild.de/sport/fussball/klaus-toppmoeller/vergessene-trainer-der-bundesliga-22339268.bild.html

30. Ebd.
31. www.suedkurier.de/sport/themensk/Muenchen-feiert-seinen-Jupp-Portraet-von-Bayern-Trainer-Jupp-Heynckes;art410965,5994874
32. www.handelsblatt.com/sport/fussball/nachrichten/daum-vs-hoeness-der-verschnupfte-daum-und-ein-absolut-reines-gewissen/4007978-2.html
33. www.christophdaum.de/motivation/motivation-eine-kunst.html
34. www.berliner-zeitung.de/archiv/christoph-daum-ueber-glasscherben-sinnesfreuden-und-die-deutsche-fussball-meisterschaft-der-trainer-john-wayne-,10810590,9694898.html
35. www.kicker.de/news/fussball/bundesliga/startseite/281805/artikel_Calmund-staerkt-Hoerster-den-Ruecken-.html
36. www.faz.net/aktuell/sport/krisensitzung-aus-fuer-hoerster-199376.html
37. Moschinski, Peter C./Thein, Martin (2013): »Lebbe geht wieder«, Verlag Die Werkstatt, S. 117
38. Ebd., S. 130
39. Ebd., S. 128
40. Ebd., S. 130
41. de.wikipedia.org/wiki/Rinus_Michels
42. Schiwek, Ingo (2006): Kicken beim Feind? Der ganz alltägliche Friede hinter dem deutsch-niederländischen Fußballkrieg, MaveriX, S. 53
43. Reski, Hans (1993): *Bayer 04 Leverkusen. Die Nummer 1 am Rhein*, Kiepenheuer & Witsch, S. 148
44. Ebd., S. 150
45. Ebd., S. 151
46. www.taz.de/!90729/
47. www.faz.net/aktuell/sport/fussball/bundesliga/sami-hyypiae-ein-praktikant-zum-aufschauen-11709941.html
48. Ebd.
49. www.ftd.de/sport/fussball/news/:trainer-experiment-mit-lewandowski-hyypiae-bei-bayer/70093111.html
50. www.faz.net/aktuell/sport/fussball/bundesliga/sami-hyypiae-ein-praktikant-zum-aufschauen-11709941.html
51. www.11freunde.de/interview/stefan-reinartz-ueber-seinen-weg-den-profifussball?page=1
52. www.taz.de/!104388/
53. Ebd.
54. catenaccio.de/?p=5160
55. Feuerherdt, a.a.O., S. 118
56. www.11freunde.de/interview/dragoslav-stepanovic-ueber-das-dfb-pokalfinale-1993
57. Ebd.
58. Ernst Huberty in *50 Jahre Sportschau – Die lange Nacht*, ausgestrahlt auf WDR3 am 4. Juni 2011
59. www.ifd-allensbach.de/uploads/tx_reportsndocs/prd_1103.pdf
60. www.spiegel.de/sport/fussball/portrait-von-arne-larsen-okland-a-865069.html
61. Feuerherdt, a.a.O., S. 51
62. Ebd.
63. www.11freunde.de/artikel/wie-bayer-leverkusen-seinen-kader-plant
64. Ebd.
65. www.spox.com/de/sport/fussball/bundesliga/1001/Artikel/dieter-

trzolek-interview-physiotherapeut-wunderheiler-pendel-leverkusen-koeln.html
66. www.11freunde.de/interview/druide-und-wunderheiler-dieter-trzolek-ist-rente?page=1
67. www.welt.de/welt_print/sport/article7158443/Bayer-laesst-Vizekusen-rechtlich-schuetzen.html
68. www.ksta.de/region/sing-when-you-re-winning-carsten,15189102,13819142.html
69. www.rp-online.de/sport/fussball/vereine/bayer-04/das-war-sicherlich-nicht-klug-von-mir-1.1699628
70. www.welt.de/sport/fussball/bundesliga/bayer-leverkusen/article12903326/Ballack-bepoebelt-nach-Bayer-Sieg-den-1-FC-Koeln.html
71. www.bayer04.de/B04-DEU/de/_md_aktuell-dt.aspx?aktuell=aktuell-8583
72. Ebd.
73. www.welt.de/print-welt/article662785/Andreas-Moeller-blaest-zum-Sturmlauf-sechs-schoene-Tore.html
74. www.dfb.de/index.php?id=511739&tx_dfbnews_pi1[showUid]=29840&tx_dfbnews_pi4[cat]=71
75. Ebd.
76. www.bayer.de/de/das-bayer-kreuz.aspx
77. www.tagesspiegel.de/politik/geschichte/leverkusen-das-kreuz-des-westens/1139304.html
78. www.rp-online.de/bergisches-land/leverkusen/nachrichten/polizei-lobt-leverkusener-fanszene-1.2539329
79. www.rp-online.de/bergisches-land/leverkusen/nachrichten/polizei-lobt-nordkurve-12-1.1725752
80. Kießling, Stefan (2013): *Erfolgsrezepte*, Deutsche Markenarbeit GmbH, S. 5
81. Ebd., S. 6
82. www.presseportal.de/pm/108514/2442173/kies-erfolgsrezepte-im-droste-verlag-kochbuch-von-stefan-kiessling-und-vorwort-rudi-voeller
83. www.kos-fanprojekte.info/indexold.htm
84. taz Nr. 2959 vom 10. November 1989, S. 12
85. www.ksta.de/sport/verbaende-geben-mehr-geld-fuer-bekaempfung-von-gewalt-aus,15189364,22854498.html
86. www.bayer04.de/B04-DEU/de/_md_aktuell-dt.aspx?aktuell=aktuell-7407
87. Ebd.
88. Ebd.
89. www.ran.de/de/ran-on-webshow/1211/news/ranon-webshow-interview-ultras-bayer-leverkusen-vergroessert-den-heimvorteil.html
90. www.rp-online.de/video/leverkusen/neuer-rasen-fuer-die-bayarena-1.583608
91. www.11freunde.de/interview/ein-greenkeeper-ueber-den-idealen-fussballrasen
92. Ebd.
93. www.spiegel.de/sport/fussball/legendaeres-training-als-uwe-klimaschefski-den-platzwart-fesseln-liess-a-674909.html
94. www.11freunde.de/interview/jens-nowotny-trifft-herbert-fandel

95. Ebd.
96. Ebd.
97. www.spiegel.de/sport/fussball/champions-league-kein-happy-end-fuer-leverkusen-a-196273.html
98. www.sport1.de/de/fussball/fussball_championsleague/artikel_519611.html
99. www.augsburger-allgemeine.de/sport/fussball/international/Kadlec-und-Friedrich-muessen-Messi-Trikot-abgeben-id18784761.html
100. www.fussball.de/der-zweit-schnellste-platzverweis-der-liga-geschichte/id_60770996/index
101. www.kicker.de/news/fussball/bundesliga/spieltag/1-bundesliga/2012-13/10/1441726/spielanalyse_bayer-leverkusen-9_fortuna-duesseldorf-13.html
102. www.rundschau-online.de/fussball/wolfgang-holzhaeuser-in-wahrheit-ein-big-boss,15942764,22772742.html
103. www.11freunde.de/interview/wolfgang-holzhaeuser-ueber-seinen-ruecktritt-bei-bayer-leverkusen
104. Ebd.
105. www.rp-online.de/sport/fussball/vereine/bayer-04/hotline-fuer-profis-bei-kanzlei-eingerichtet-1.1642247
106. sportbild.bild.de/SPORT/bundesliga/vereine/bayer-leverkusen/2013/07/23/trikot-revolution-wie-einst-bei-barca/bayer-leverkusen-erwaegt-verzicht-auf-bezahlte-werbung.html
107. www.bayer04.de/B04-DEU/de/_md_aktuell-dt.aspx?aktuell=aktuell-9038
108. einestages.spiegel.de/static/topicalbumbackground/1978/re_kla_me_o_ho.html
109. taz Nr. 3066 vom 24. März 1990, S. 14
110. Ebd.
111. Ebd.
112. www.youtube.com/watch?v=LSpkdVHOjns
113. 50jahre.bundesliga.de/de/kurioses/0000244814.php
114. Ebd.
115. Ebd.
116. Ebd.
117. Ebd.
118. Ebd.
119. Ebd.
120. Ebd.
121. Ebd.
122. Ebd.
123. Ebd.
124. Ebd.
125. Ebd.
126. www.bayer04.de/B04-DEU/de/_md_bayer04tv.aspx?guid=0-812B8CA1-A3AC-4AD7-95F6-EBF1FACCE06F-613
127. Rheinische Post vom 26. Januar 2011
128. www.welt.de/welt_print/sport/article5125375/Traumpass-in-die-Freiheit.html
129. Ebd.

Literatur

- Feuerhardt, Alex: *Bayer 04 Leverkusen*, Verlag Die Werkstatt, 2011
- Kießling, Stefan: *Erfolgsrezepte*, Verlag Droste, 2013
- Moschinski, Peter/Thein, Martin: »Lebbe geht weider«, Verlag Die Werkstatt, 2013
- Reski, Hans: *Bayer 04 Leverkusen – Die Nummer 1 am Rhein*, Kiepenheuer & Witsch, 1993

Webseiten

- www.11freunde.de
- www.augsburger-allgemeine.de
- www.bayer04.de
- www.berliner-zeitung.de
- www.bernd-schneider.de
- www.bild.de
- www.bundesliga.de
- www.dfb.de
- www.faz.net
- www.ftd.de
- www.fussball.de
- www.kicker.de
- www.kos-fanprojekte.info
- www.ksta.de
- www.noz.de
- www.presseportal.de
- www.ran.de
- www.rp-online.de
- www.rundschau-online.de
- www.spiegel.de
- www.sport1.de
- www.sportbild.de
- www.spox.de
- www.tagesspiegel.net
- www.taz.de
- www.welt.de

SCHWARZKOPF & SCHWARZKOPF

Das neue Fußball-Programm

www.schwarzkopf-schwarzkopf.de

SCHWARZKOPF & SCHWARZKOPF

Das neue Fußball-Programm

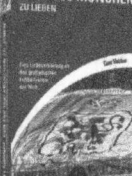  

WIR SIND DER ZWÖLFTE MANN

FUSSBALL IST UNSERE LIEBE

www.zwoelftermann.de

DER AUTOR

Jens Peters, seit der Geburt im Jahre 1977 ansässig in der lebenswertesten Stadt der Welt – Münster. Erste Stadionerfahrungen leider nicht beim schönsten Fußballverein der Welt, sondern bei den Preußen aus Münster in der Oberliga. Inzwischen Social-Media-Manager, Journalist, Blogger und dem Leverkusener Vizekusen-Syndrom verfallen. Eine Geschichte voller Mitleid und Trauer, genährt von der Hoffnung, eines Tages eine Hand an der Meisterschale zu haben.

Jens Peters
111 GRÜNDE, BAYER 04 LEVERKUSEN ZU LIEBEN
Eine Liebeserklärung an den großartigsten Fußballverein der Welt
ISBN 978-3-86265-267-9

ZWÖLFTER MANN – Das Programm für Fußballfans von Schwarzkopf & Schwarzkopf | © Schwarzkopf & Schwarzkopf Verlag GmbH, Berlin 2013 | 2. Auflage Februar 2015 | Alle Rechte vorbehalten. Dieses Werk ist urheberrechtlich geschützt. Jede Verwendung, die über den Rahmen des Zitatrechtes bei korrekter und vollständiger Quellenangabe hinausgeht, ist honorarpflichtig und bedarf der schriftlichen Genehmigung des Verlages. | Illustrationen im Innenteil: © Christos Georghiou/www.shutterstock.com

KATALOG
Wir senden Ihnen gern kostenlos unseren Katalog.
Schwarzkopf & Schwarzkopf Verlag GmbH
Kastanienallee 32, 10435 Berlin
Telefon: 030 – 44 33 63 00
Fax: 030 – 44 33 63 044

INTERNET | E-MAIL
www.zwoelftermann.de
info@schwarzkopf-schwarzkopf.de